Schreiben – aber sicher

Texte verfassen und überarbeiten

5

Dorothea Herzog
Ingrid Klas
Martin Schilder

Ernst Klett Schulbuchverlag Leipzig
Leipzig Stuttgart Düsseldorf

Vorwort

Liebe Schülerinnen, liebe Schüler,

manchen von euch macht es bestimmt Spaß, sich spannende Geschichten auszudenken und zu schreiben. Aber nicht immer gelingt es auf Anhieb im Unterricht. Und einige von euch kennen sicher die unangenehme Erfahrung beim Aufsatzschreiben:
Ich kann das nicht richtig … Es dauert unendlich lange … Ich weiß nicht, wie ich das besser machen kann …
Vielleicht denkt ihr dann:
Aufsätze schreiben kann man nicht üben – man kann das oder eben nicht.
Das ist falsch!
Aufsätze schreiben und Texte verfassen kann man lernen!

Wie euch das Übungsheft dabei hilft

Wir haben das, was vielen beim Schreiben Schwierigkeiten macht, in kleine, übersichtliche Lernschritte aufgeteilt: Für jede Ausatzart erarbeitet ihr schrittweise Vorgehensweisen und Arbeitstechniken. Danach übt ihr in jedem Kapitel, die jeweiligen Aufsätze einmal im Zusammenhang zu schreiben.

Wie ihr mit diesem Übungsheft arbeiten könnt

- Ihr könnt mit dem Heft ganz unabhängig von eurem Sprachbuch üben.
- Ihr könnt alleine ohne Lehrer mit dem Heft arbeiten.
- Eure Lehrer können das Heft auch im Unterricht anstelle eines Sprachbuchs einsetzen. Es eignet sich ebenso für die Nachhilfe.
- Ihr müsst nicht das ganze Heft von vorne bis hinten durcharbeiten. Ihr könnt euch die Aufsatzarten heraussuchen, die ihr noch üben müsst.
- Ihr erfahrt zu Beginn jedes Abschnitts, was ihr hier lernen könnt.
- Zur Wiederholung und Vorbereitung auf Klassenarbeiten findet ihr auf den letzten Seiten des Heftes Zusammenfassungen für jede Aufsatzart.
- Es gibt immer wieder Aufgaben im Heft, die euch auffordern, auf ein Blatt zu schreiben. Ihr findet hinten im Heft eine Tasche, worin ihr diese Blätter sammeln könnt.

Das Autorenteam wünscht euch viel Erfolg und Spaß mit dem Übungsheft!

Ich bin ein **Infopfeil-Merkkasten.** Ich fasse alles Wichtige für informierende Texte zusammen. Ich gebe auch Hilfen für das Verfassen solcher Texte, z. B. für das Beschreiben von Gegenständen.

Ich bin ein **Erzählmaus-Merkkasten.** Ich fasse alles Wichtige für Erzählungen (Erzähltexte) zusammen. Ich gebe auch Hilfen oder Arbeitstechniken für den Aufbau solcher Aufsätze, z. B. für den Spannungsbogen.

Ich gebe wichtige Hinweise, die euch bei der Lösung der Aufgabe und für das Verfassen eurer Texte helfen.

INFO

Erlebnisse erzählen

So ein Glück – so ein Pech!

Geht es dir auch so? Du liest ein Aufsatz-Thema, aber dir fällt nichts ein. Oder du hast Ideen, aber du kannst dich nicht entscheiden. Dann helfen dir die drei Schritte: **Sammeln, Auswählen, Planen.**

1 **Sammeln.** Ergänze drei Minuten lang Stichworte, die dir zu den Themen einfallen.

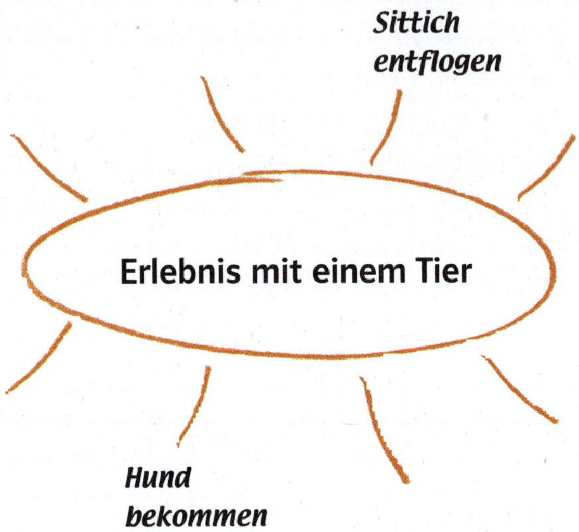

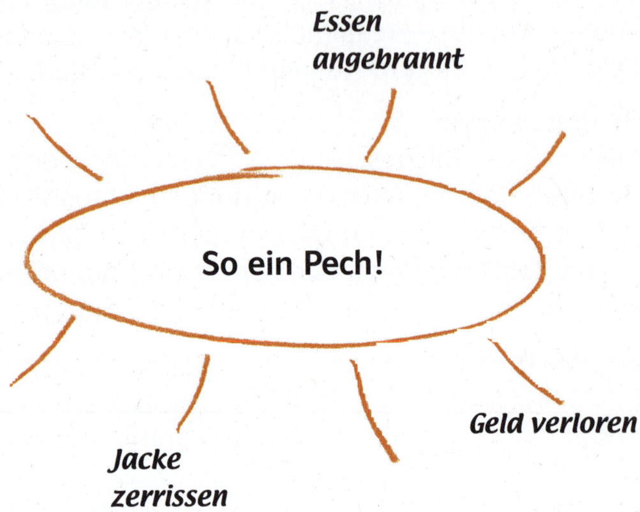

2 **Auswählen.** Unterstreiche die Stichworte farbig, zu denen du gern etwas erzählen würdest. Entscheide dich für ein Erlebnis.
Wähle für dieses Erlebnis ein Stichwort aus und rahme es dick ein, zum Beispiel:

3 Schau dir an, was Jessie und Simon erlebt haben. Vielleicht ist dir etwas Ähnliches passiert.

Jessie

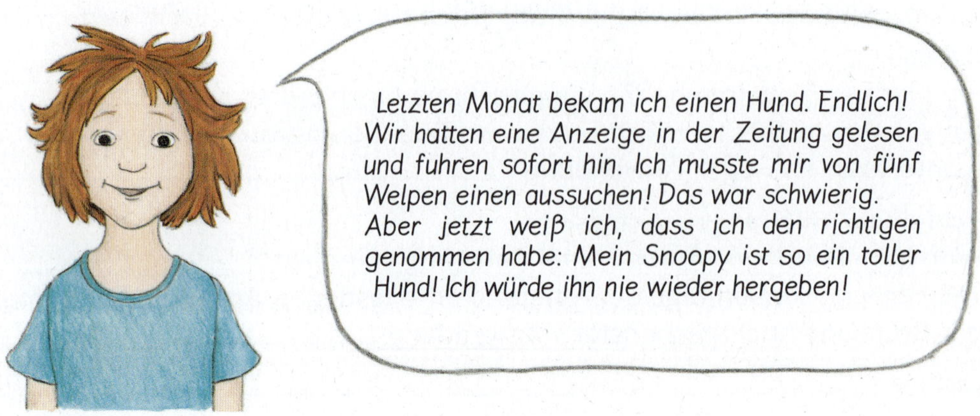

Simon

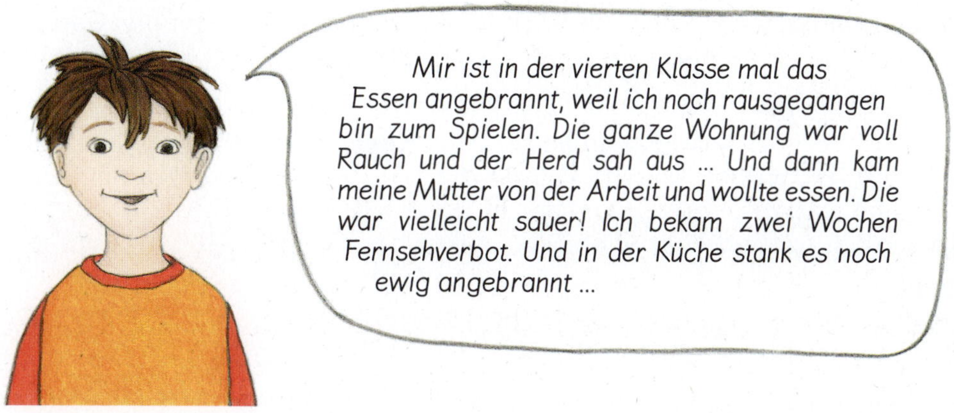

(4) Sammle Einfälle zu Simons oder Jessies Erlebnis. Schreibe einige Stichworte auf.

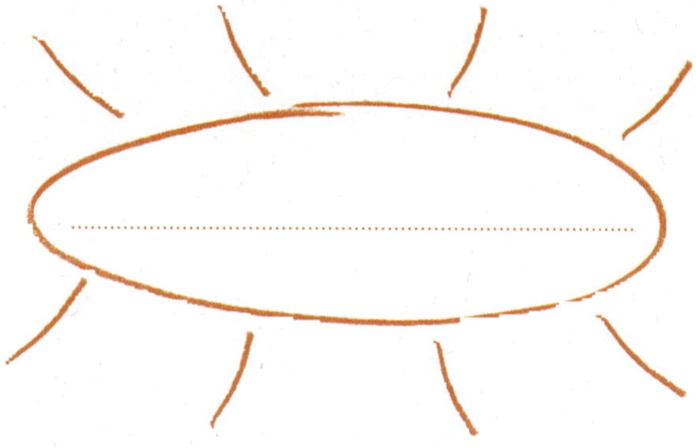

(5) Überlege dir selbst ein Erlebnis, über das du erzählen möchtest. Notiere das Thema. Sammle Einfälle und notiere die Stichworte.
Tipp: Wenn dir zu wenig einfällt, erinnere dich an Geschichten, die du gelesen hast.

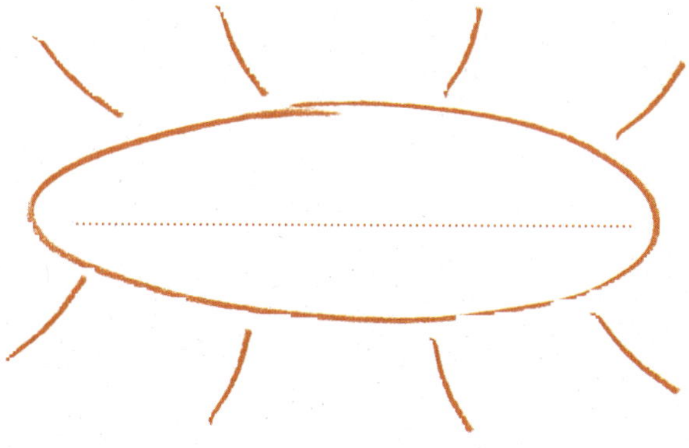

6 Planen. Fülle zuerst die Kästchen mit Stichworten zu Jessies und Simons Geschichte. Plane anschließend deine Geschichte, indem du deine Einfälle mit Hilfe der W-Fragen ordnest.

	Jessies Geschichte	*Simons Geschichte*	*deine Geschichte*
Wer oder was? Wer ist die Hauptperson, wer spielt noch mit? Was für ein Tier …			
Wo? Wo spielt deine Geschichte? Auf dem Abenteuerspielplatz …			
Wann? Wann war dein Erlebnis? In den letzten Ferien …			
Wie? Ist dein Erlebnis traurig, fröhlich, Angst erregend, spannend …?			
Schluss? Geht die Geschichte gut oder schlecht aus?			

Sammeln, Auswählen, Planen
Wenn du eine Geschichte schreiben willst, musst du zuerst Einfälle sammeln. Dann wählst du ein Thema aus und planst deine Geschichte, indem du die Einfälle mit Hilfe der W-Fragen ordnest.

Das war aufregend!

Deine Geschichte braucht eine Einleitung, in der du die Hauptpersonen vorstellst und die Leser ein bisschen neugierig machst.

1 Lies die Einleitungen zu Jessies und Simons Geschichte. Beantworte die Fragen nach den Hauptpersonen und entscheide, wie die Geschichten sind.
Tipp: Unterstreiche in den Einleitungen, wo du die Antworten findest.

Letzten Monat hat sich mein größter Wunsch erfüllt: Ich hab einen eigenen Hund bekommen, meinen süßen Snoopy! Und das kam so:

Wer? ***Jessie (Ich-Erzählerin), Snoopy***

Wann? ***letzten Monat***

Wie? ***aufregend***

Das Schönste, was ich je mit einem Tier erlebt habe, war, als ich meinen Hund bekommen habe. Schon lange hatte ich mir einen gewünscht, aber meine Eltern waren immer dagegen. Doch letztes Weihnachten brach ihr Widerstand. Und das kam so:

Wer? ……………………

Wann? ……………………

Wie? ……………………

Als ich in der vierten Klasse war, ist mir einmal etwas Schlimmes passiert. Ich sollte das Essen aufwärmen, weil Mama bis mittags arbeiten musste. Das hatte ich schon oft gemacht, aber an diesem Tag ging alles schief.

Wer? ……………………

Wann? ……………………

Wie? ……………………

2 Schreibe eine Einleitung für deine eigene Geschichte. Dabei hilft dir die Tabelle auf Seite 6.

……………………

Einleitung
Am Anfang deiner Geschichte stellst du die Hauptpersonen und den Ort oder die Zeit vor, von denen du erzählen möchtest. Du kannst auch angeben, wie die Geschichte ist, die du erzählen willst: lustig, spannend, …

Die Erzähl-Maus

Wenn du eine gute Geschichte schreiben willst, achte auf den Aufbau. Die Erzähl-Maus zeigt dir, wie es geht:

1 Male die drei Teile einer Erzählung **Einleitung, Hauptteil, Schluss** in der Erzähl-Maus mit verschiedenen Farben aus.

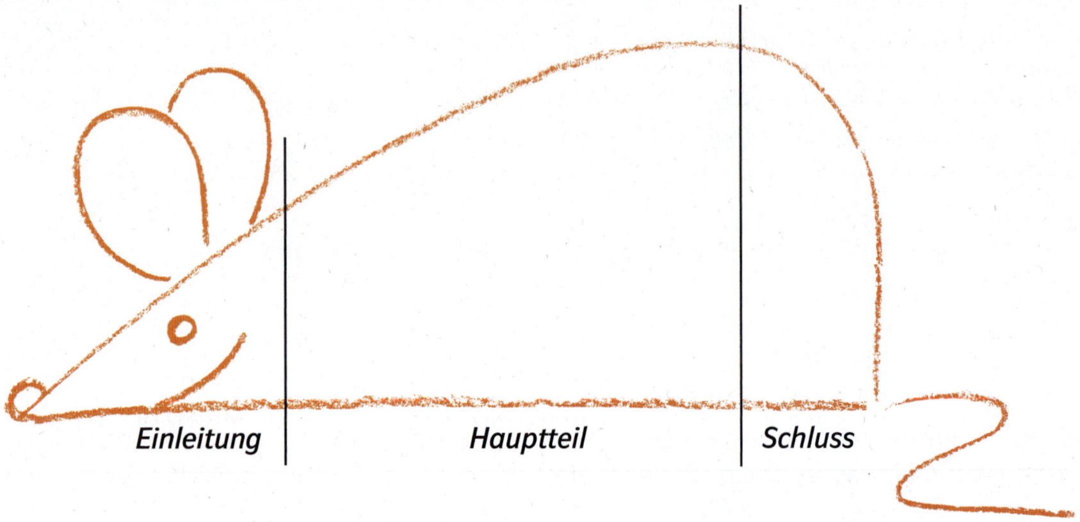

2 Hier sind Erzählschritte für Simons Geschichte, aber ganz ungeordnet. Nummeriere sie in der richtigen Reihenfolge.

- [ ] *rausgegangen zum Spielen*
- [1] *Topf auf den Herd gestellt*
- [ ] *Zeit vergessen*
- [ ] *Mama kommt heim, ist sauer*
- [ ] *Herd ausgeschaltet*
- [ ] *zurückgerast*
- [ ] *Küche voller Gestank und Qualm*
- [ ] *zwei Wochen Fernsehverbot*
- [ ] *gelüftet und geputzt*

INFO

Bei einer guten Erzählung musst du besonders auf den Hauptteil, den dicken Bauch, achten. Ordne die Erzählschritte des Hauptteils so, dass die Leser diese Geschichte verstehen. Der Höhepunkt ist der spannendste Erzählschritt. Er kommt erst kurz vor dem Schluss.

(3) Trage dann die Nummern in die Erzähl-Maus ein.
Wo ist der Höhepunkt? Markiere diesen Erzählschritt farbig.

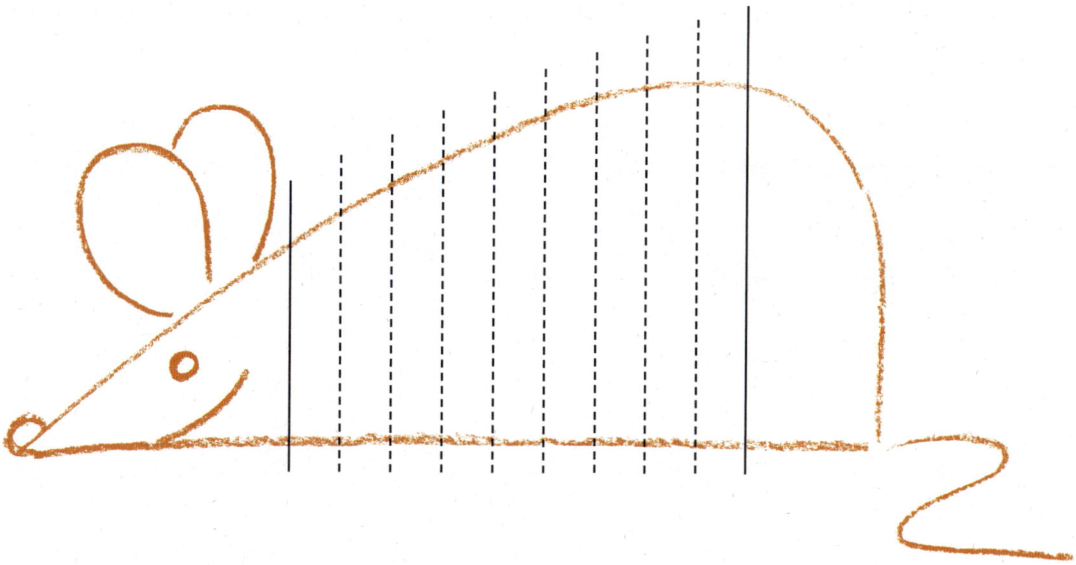

(4) Erinnere dich an deine eigene Geschichte. Notiere in Stichworten untereinander, was bei deinem Erlebnis alles passiert ist.

(5) Stimmt die Reihenfolge so? Schreibe deine Erzählschritte in der richtigen Reihenfolge auf.

So eine Überraschung!

1 Lies noch einmal Jessies Geschichte auf Seite 4. Kreuze den Höhepunkt ihrer Geschichte an:

- ☐ *Jessie findet die Anzeige in der Zeitung.*
- ☐ *Sie fahren zu der Familie mit den Welpen.*
- ☐ *Ein Welpe schaut sie so traurig an, dass sie ihn einfach nehmen muss.*
- ☐ *Sie fahren mit dem Hund wieder nach Hause.*

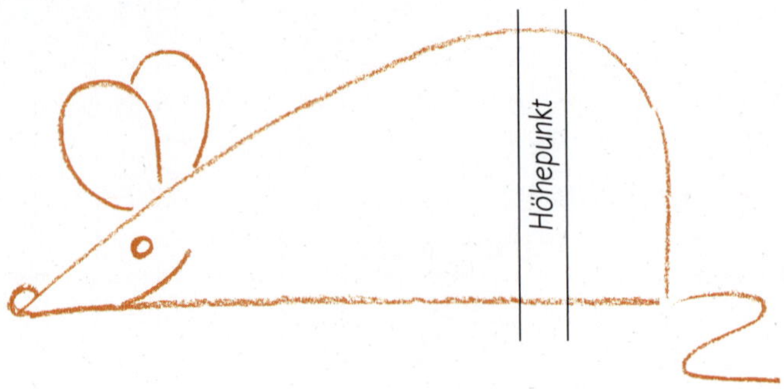

2 Begründe deine Wahl. Warum ist das der Höhepunkt?

....

3 Lies noch einmal Simons Erzählschritte auf Seite 8.
Schreibe dann auf, welcher Erzählschritt deiner Meinung nach der Höhepunkt ist.

....

4 Begründe deine Wahl. Warum ist das der Höhepunkt?

....

5 Schau dir die Erzählschritte deiner Geschichte auf Seite 9 in Aufgabe 5 an.
Notiere den Erzählschritt, den du als Höhepunkt haben willst.

....

6 Was ist bei diesen Mäusen (Geschichten) schief gegangen? Notiere.

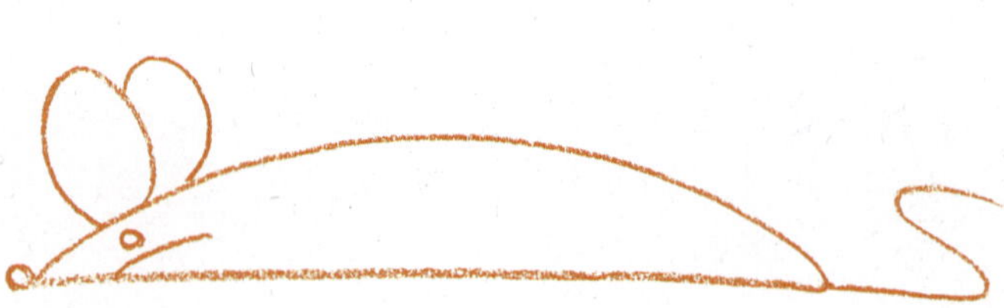

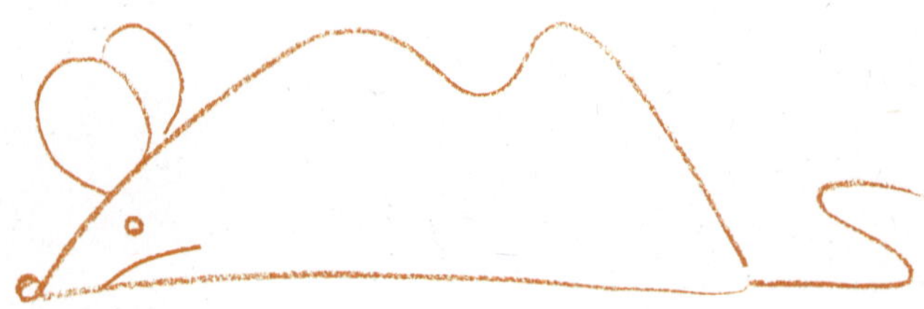

....

....

....

....

7 Vergleiche deine Erzählschritte mit den verunglückten Erzähl-Mäusen. Gibt es bei dir einen Höhepunkt und nicht zwei oder mehr? Befindet er sich an der richtigen Stelle? Nicht zu früh? Du kannst deine Erzählschritte noch umstellen oder ergänzen.

8 Was passiert beim Höhepunkt? Erzähle in kurzen Sätzen (wie in Zeitlupe betrachtet), was geschehen sein könnte, bis Jessie ihren Welpen ausgewählt hat.
Die folgenden Wörter helfen dir dabei:

sich herunterbücken • streicheln • sich nicht entscheiden können • dunkle, braune Augen • leises Winseln • auf den Arm nehmen • ruhig werden • …

Jessie kam ins Zimmer mit dem Welpenkorb. Es waren fünf junge Hunde.

....

....

....

....

„Den will ich!“, sagte Jessie und ging überglücklich mit dem winzigen Hund auf dem Arm zur Tür.

9 Schreibe Fragen auf, die Simon durch den Kopf schießen könnten, als er in die verqualmte Küche kommt.

Was ....

....

....

....

Als ich den schlimmsten Dreck beseitigt hatte, kam meine Mutter nach Hause.

10 Jetzt ist deine Geschichte dran: Lass den Höhepunkt deines Erlebnisses „in Zeitlupe" ablaufen und erzähle ihn möglichst genau.

Der Höhepunkt deiner Geschichte ist der spannendste oder lustigste Moment, in dem die größte Überraschung passiert. Diesen Erzählschritt solltest du so ausgestalten, dass alle Leser das erkennen, etwa mit Einzelheiten oder Gedanken.

Große Freude, großer Ärger

Damit du deine Geschichte anschaulich und spannend erzählen kannst, musst du dich genau erinnern: ① Was war zu sehen, ② zu hören, ③ zu riechen, ④ zu fühlen?

①

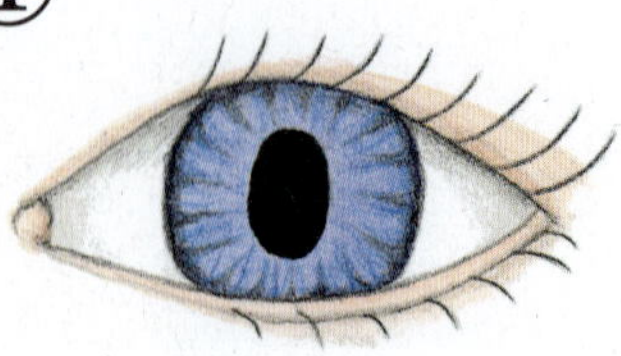

②

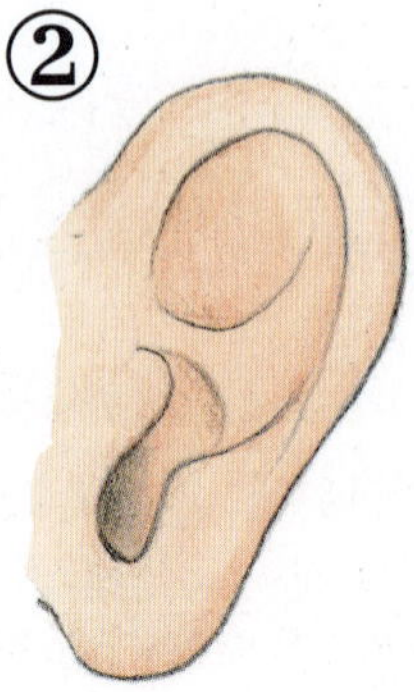

③

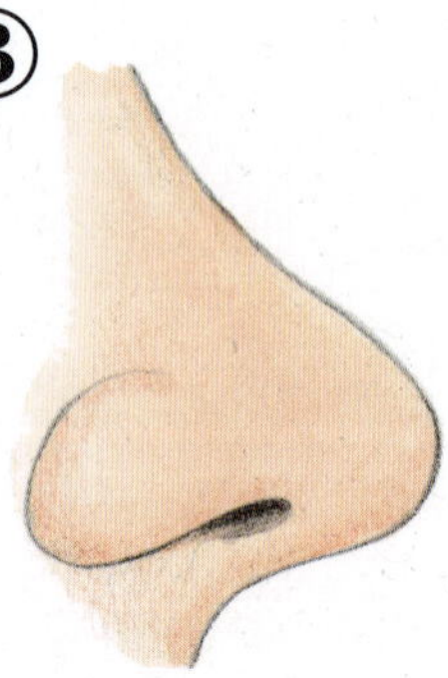

④

1 Stell dir möglichst genau vor, wie es Jessie und Simon gegangen ist, und ergänze dann die Sätze.

Jessie kniete vor dem Korb mit den fünf Welpen. Sie waren sooo süß!

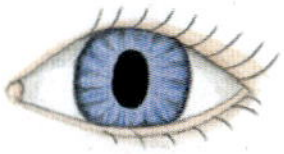

Vorsichtig nahm sie eins der Hundejungen heraus und streichelte es.

Das Fell

und die winzige rosa Zunge

Als sie das Hundejunge wieder in den Korb setzen wollte,

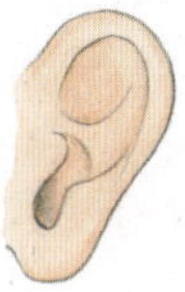

Da nahm sie es wieder auf den Arm und

Jetzt wusste sie, welchen Welpen sie mitnehmen würde!

Und so ist es Simon ergangen:

Simon erschrak: Schon kurz vor ein Uhr! Er sauste die Treppe herauf. Schon vor der Wohnungstür kam ihm

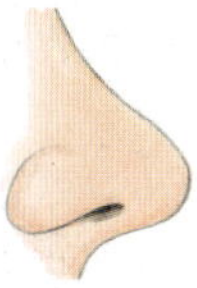

entgegen. Oh weh! Wie würde es erst drinnen aussehen! Hastig schloss er auf und wäre vor Schreck am liebsten gleich wieder umgekehrt:

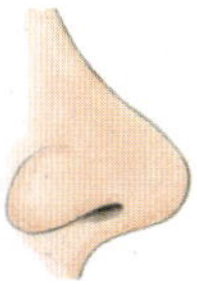

Der Herd

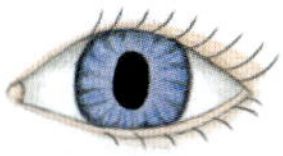

Als er gerade das Schlimmste weggeputzt und ein bisschen gelüftet hatte,

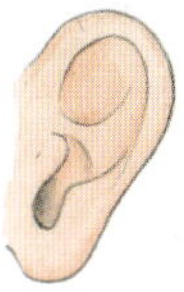

(2) Unterstreiche die Verhaltensweisen in der Mitte mit der Farbe der passenden „Gefühlskiste". Manche lassen sich mehrfach zuordnen.

INFO

Spannende Erlebnisse lassen niemanden wirklich kalt. Deshalb sollte in einer guten Geschichte auch dargestellt werden, was die Personen fühlen und denken und woran das zu erkennen ist.

aufgeregt sein

Angst haben

wütend sein

dauernd mit den Füßen scharren – mit dem Fuß aufstampfen – keinen Moment still sitzen können – die Hände zu Fäusten ballen – herumhüpfen wie ein Gummiball – eine Gänsehaut haben – einen Kloß im Hals haben – dauernd an den Haaren herumspielen – weiche Knie bekommen – laut aufschreien – zu schwitzen anfangen – das Herz klopft ganz wild – mir wird gleichzeitig kalt und heiß – weinen – die Zähne zusammenbeißen – keinen Satz herausbringen – ganz blass werden – jemanden umarmen – sich ganz still in eine Ecke zurückziehen

ungeduldig sein

traurig sein

enttäuscht sein

sich freuen

überglücklich sein

(3) Erzähle, was Jessie und Simon auf den Bildern erleben und woran das zu erkennen ist.
Du kannst dabei verwenden, was du auf den Seiten 13/14 notiert hast.
Auch Formulierungen aus Aufgabe 2 können dir dabei helfen.

Das hat Jessie erlebt: ....

....

....

....

....

....

....

....

Und das hat Simon erlebt:

4 Und wie war es bei deinem Erlebnis? Was hast du gefühlt? Woran konnte man das erkennen? Notiere Stichworte.

Ende gut, alles gut

Nach dem Höhepunkt gehen die meisten Geschichten bald zu Ende.
Für einen Schluss gibt es verschiedene Möglichkeiten.

1 Lies die folgenden drei Schlüsse für die Geschichte von Simon.

1. Möglichkeit – Eine Zusammenfassung
Das war wirklich das schlimmste Missgeschick, das mir jemals passiert ist. Ich bekam zwei Wochen Fernsehverbot und in unserer Küche hat es noch mindestens drei Wochen verbrannt gerochen.

2. Möglichkeit – Eine Lehre
Mama war entsetzlich böse und ich bekam zwei Wochen Fernsehverbot. Aber eins habe ich gelernt: Ich gehe nie wieder weg, wenn ich Essen auf dem Herd stehen habe.

3. Möglichkeit – Ein Ausblick
Mama war zuerst sehr böse! Aber dann meinte sie, ihr sei als Kind auch einmal so etwas passiert. Dann gingen wir in die Pizzeria an der Ecke. So kam ich noch zu meinem Lieblingsessen!

2 Schreibe einen Schluss für die Geschichte von Jessie. Entscheide dich für eine der drei Möglichkeiten.

3 Welche Art Schluss passt für deine Geschichte? Notiere Stichworte.

4 Nun hast du genug geübt, jetzt kannst du deine Geschichte schreiben. Du kannst Teile aus den Übungen auf Seite 4–12 verwenden oder neu anfangen.

Wenn dein erster Entwurf fertig ist, überprüfe ihn mit Hilfe der Merksätze in den Mäusen. Hast du alles Wichtige beachtet oder willst du etwas verbessern?

Schluss
Mit einem Schlussabsatz endet deine Geschichte. Er kann zusammenfassen, was geschehen ist, er kann eine Lehre formulieren oder einen Ausblick in die Zukunft geben. Der Schluss darf nicht zu lang sein.

Weitererzählen

Der richtige Sport für Saskia

Fürs Weitererzählen ist es wichtig, dass du den Anfang einer Geschichte richtig verstanden hast. Du musst wissen, um welche Personen und Probleme es geht. Erst danach überlegst du, wie es wohl weitergehen könnte.

1 Lies, wie die Geschichte anfängt.

Am Samstagnachmittag geht Saskia mit ihren Eltern spazieren. Als sie am Fußballplatz vorbeikommen, bleibt sie stehen, um dem Spiel zuzuschauen. „Da würde ich gern mitmachen", denkt sie. „Saskia! Wo bleibst du denn?", rufen ihre Eltern. „Nun komm schon!" Saskia reißt sich los und trottet hinter ihren Eltern her. Als sie wieder zu Hause sind, nimmt sie ihren Ball und geht auf die Straße. Sie kickt gegen die Wand, köpft den Ball zurück oder stoppt ihn. Dabei hat sie viel Spaß. „Was machst du denn?", fragt die Mutter zum Fenster heraus. Saskia antwortet nicht.

„Sie sollte lieber hereinkommen und Klavier üben", ruft ihr Vater aus dem Hintergrund. „Ich will nicht Klavier spielen", mault Saskia und schießt den Ball hoch in die Luft. „Ich will lieber kicken!" Die Mutter setzt ihr Vorwurfsgesicht auf. „Saskia, du benimmst dich unmöglich!"

„Jetzt reicht's aber!", schimpft dann auch der Vater los. „Fußball ist nichts für zehnjährige Mädchen." „Woher hat sie nur diesen Fußballtick?", fragt sich die Mutter. Aber sie sagt: „Wir meinen es doch nur gut mit dir, Saskia. Fußball ist ein wilder, uneleganter Sport ..."

2 Mach dir zunächst klar, was schon alles feststeht. Beantworte die Fragen in Stichworten.

Welche Personen kommen vor? ....

Was wollen sie? *Saskia:* ....

Die Eltern: ....

Wo spielt die Geschichte? ....

Wann spielt die Geschichte? ....

3 Wenn du noch weitere Dinge wichtig findest, dann notiere in Stichworten, was dir dazu einfällt.

....

....

(4) Saskia möchte trotzdem Fußball spielen. Notiere Stichpunkte zu den Fragen:

Wogegen muss die Hauptperson Saskia ankämpfen?

Sollen zusätzliche Personen auftreten? Welche?

Soll es eine Überraschung geben? Welche?

Wie wird das Problem gelöst? Wann?

Deine Frage: (Gibt es noch etwas zu beachten?)

Wie soll die Geschichte enden? Sind dann alle zufrieden?

INFO

Überlege erst genau, wie die Geschichte weitergehen soll, bevor du losschreibst. Überlege dir verschiedene Möglichkeiten und Fragen und notiere Stichpunkte dazu.

(5) Prüfe: Passen die Fortsetzungen zum Anfang der Geschichte? Lies noch einmal den Beginn der Geschichte durch. Streiche, was nicht passt oder unwahrscheinlich ist.
Ergänze dann eine 5. Möglichkeit, die du erzählen möchtest.

1. Möglichkeit:
Saskia redet nie wieder mit ihren Eltern. Sie geht ins Kloster.

2. Möglichkeit
Der Vater unterstützt Saskia gegen die Mutter und sie wird Mitglied einer Fußballmannschaft. Vater und Mutter sind stolz auf ihre Tochter.

3. Möglichkeit
Saskia lässt sich überzeugen. Sie übt den ganzen Tag Klavier und schließlich gestatten ihr ihre Eltern, auch Fußball zu spielen.

4. Möglichkeit
Die Eltern verbieten Saskia das Fußballspielen, aber kaufen ihr ein Pony. Saskia trainiert eifrig und wird eine gute Dressurreiterin.

5. Möglichkeit

....

....

....

....

6 Notiere die Erzählschritte deiner Fortsetzung in Stichworten. Die Beispiele links können dir eine Hilfe sein. Deine Geschichte kann mehr oder weniger Erzählschritte haben als das Beispiel.

Saskia ist beleidigt und zieht sich zurück. Sie weigert sich, mit ihren Eltern zu reden.	*1* ....
Es kommt zum Streit. Die Eltern bestrafen Saskia mit Hausarrest und sie denkt ans Weglaufen.	*2* ....
Saskia hat bald Geburtstag. Sie spricht wieder mit ihren Eltern, weil sie eine Party machen möchte.	*3* ....
Auf dem Geburtstagsfest kommt alles wieder in Ordnung: Saskia und ihre Eltern einigen sich darauf, dass Saskia in den Fußballverein eintreten darf.	*4* ....
Schluss: Saskia ist glücklich, weil sie Fußball spielen darf.	*5* ....

7 Zeichne deine Erzählschritte in die Erzähl-Maus ein. Bestimme den Höhepunkt: Wo zum Beispiel wird der Streit am heftigsten, wo ist ein Ende in Sicht? Trage diese Stelle dort ein, wo der Rücken der Erzähl-Maus am höchsten ist.

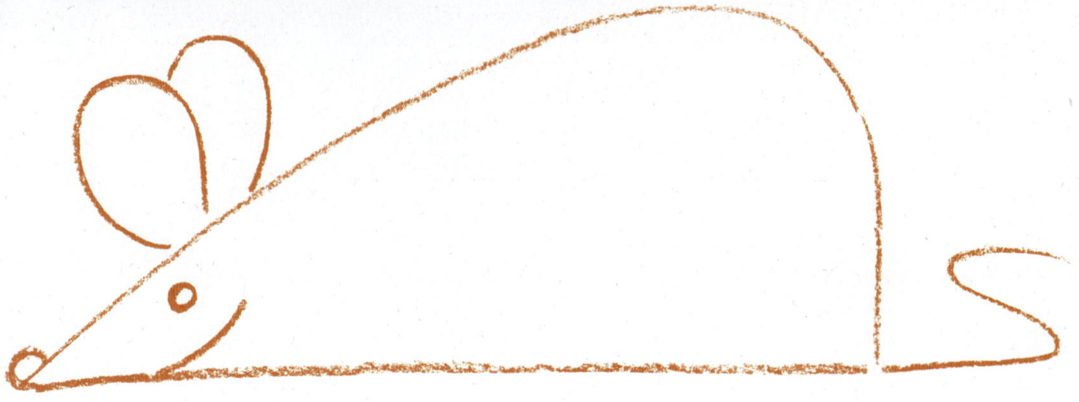

8 Erzähle die Geschichte von Saskia weiter. Wenn du noch üben willst, wie du die Geschichte gut erzählen und darstellen kannst, bearbeite vorher die Seiten 10–13.

Wenn du einen Geschichtenanfang weitererzählen willst, musst du dir zuerst klarmachen, wer mitspielt und was passiert ist. Dann überlegst du Möglichkeiten, was die Personen nun tun könnten. Entscheide dich für eine Möglichkeit und entwickle dazu Erzählschritte, einen Höhepunkt und einen Schluss.

Wie am Anfang

Deine Weitererzählung muss zum Anfang der Geschichte passen. Achte auf die Zeit, in der erzählt wird, auf die Art, wie erzählt wird (die Erzählform) und auf wörtliche Rede.

1 Übertrage die Sätze in die andere Zeitstufe.

Gegenwart	**Vergangenheit**
Saskia weiß, wie ihre Eltern immer reagieren.	***Saskia wusste*** ....
....	*Deshalb setzte sie den Streit lieber nicht fort, sondern verhielt sich brav und ruhig.*
Schon nach einer Woche merkt sie, dass ihre Taktik Erfolg hat.	....
....	*Am Samstagnachmittag lud ihr Vater sie ein, mit ihm die Sportschau anzusehen.*

2 Übertrage die Sätze in eine andere Erzählform.

Ich-Erzählung	**Er-/Sie-Erzählung**
Da sah ich die Chance, mich mit meinen Eltern zu versöhnen.	***Da sah sie*** ....
....	*Als ihre Mutter in die Küche ging, begleitete Saskia sie und half ihr Kartoffeln zu schälen.*

3 Schreibe den Absatz in wörtliche Rede um.

Die Mutter fragte Saskia vorsichtig, wie es ihr ging. Saskia gab zu, dass sie sich überhaupt nicht wohl fühlte. Sie würde so gern den Streit beenden. Das freute die Mutter und sie machte einen Vorschlag:

Wenn der Textanfang wörtliche Rede enthält, solltest du beim Weitererzählen auch wörtliche Rede verwenden. Wenn er keine enthält, kannst du entscheiden, ob du sie verwenden willst oder nicht. INFO

Die Mutter fragte: „

4 Lies den Anfang der Geschichte auf Seite 17 erneut. Unterstreiche die Stellen, in denen steht, was die Personen denken oder meinen. Schreibe dann weitere mögliche Gedanken in die Sprechblasen hinein.

Wenn es in deine Geschichte passt, solltest du nicht nur die Reden, sondern auch die Gedanken der handelnden Personen wiedergeben. INFO

Valentin und Gernot

Wie kann diese Geschichte weitergehen? Wie kann sie enden?
Halte dich an die Arbeitsschritte, die du schon geübt hast.

Ich war wütend, oh, war ich wütend. Dabei hatte alles so gut angefangen.
Vor einer Woche war Gernot in unsere Klasse gekommen. Bis auf den blöden Namen schien er ganz in Ordnung zu sein. Und weil ich selber so einen blöden Namen hatte – meine Eltern wollten unbedingt einen Sohn, der Valentin heißt –, ging ich gleich in der ersten Pause zu ihm hin. Ich holte ein Foto von meinem Zwerghasen raus und zeigte es ihm: „Das ist mein Blacky. Hast du auch ein Tier?"
„Klar", antwortete er, „auch einen Zwerghasen, aber meiner ist weiß."
Er hatte aber kein Foto von ihm. Weil wir dann öfter miteinander redeten, über Haustiere und auch über Indianerbücher, kam ich auf die Idee, ihm meine Kamera zu leihen, damit er seinen weißen Zwerghasen fotografieren konnte.
Er fand das toll und versprach auch, gut auf die Kamera aufzupassen. Das war gestern. Und heute Morgen sagte er mir einfach: „Du, tut mir Leid. Die Kamera ist geklaut worden. Wahrscheinlich im Bus. Ich konnte gar kein Foto machen."
Deshalb war ich so wütend und wusste nicht, was ich sagen oder tun sollte.

1 Mach dir klar, was feststeht.

Welche Personen kommen vor? ....

....

Wo spielt die Geschichte? ....

....

Wann spielt die Geschichte? ....

....

Was ist passiert? ....

....

....

....

....

2 Überlege, wie die Handlung weitergehen könnte. Mach dir Notizen zu deinen Antworten.
Tipp: Vergleiche mit den Fragen von Seite 18. Stelle auch selbst Fragen!

Welches Problem muss die Hauptperson lösen? ....

Treten zusätzliche Personen auf? Welche? ....

Soll es eine Überraschung geben? Welche? ....

Wie wird das Problem gelöst? ....

3 Lege die Erzählschritte für deine Fortsetzung fest. Denke dabei an die Spannung und den Höhepunkt.

1. ....

....

2. ....

....

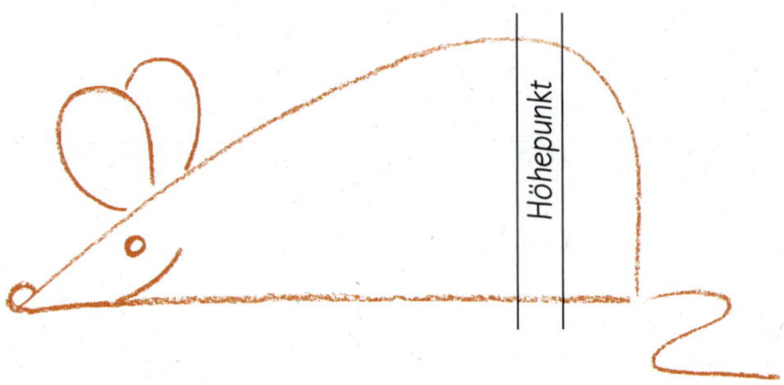

3. ....

....

4. ....

....

5. ....

4 Schreibe deine Geschichte auf ein Blatt. Achte dabei auf Einzelheiten der Erzählung.
Kreuze an, was für deine Geschichte gilt:

- ☐ Zeitstufe Gegenwart
- ☐ Zeitstufe Vergangenheit
- ☐ Ich-Erzählung
- ☐ Er-/Sie-Erzählung
- ☐ mit wörtlicher Rede
- ☐ Gedanken wiedergegeben
- ☐ keine Gedanken wiedergegeben

Deine Weitererzählung sollte immer zum Anfang der Geschichte passen. Die Zeit, in der du erzählst und die Erzählform sollten mit dem Anfang übereinstimmen. Wird im Anfang der Geschichte wörtliche Rede verwendet, solltest du diese aufgreifen und fortsetzen.

Bildgeschichten

Eine Schüttel-Bildgeschichte

> *Wenn du eine Geschichte schreibst, musst du eins nach dem anderen erzählen. Sonst findet sich keiner durch. Das sind die Erzählschritte der Geschichte.*
>
> INFO

1 Was für ein Durcheinander!
Nummeriere die Bilder in der richtigen Reihenfolge.

2 Beschreibe jeweils in einem Satz, was auf den Bildern passiert.

1. Erzählschritt: ……………………………………

2. Erzählschritt: ……………………………………

3. Erzählschritt: ……………………………………

4. Erzählschritt: ……………………………………

3 Nicht alles, was du auf einem Bild siehst, ist gleich wichtig für die Geschichte.
Prüfe: Was spielt in der Geschichte eine Rolle? Streiche alles andere weg.

Wer und was ist auf dem Bild zu sehen?	*ein Mann, ein Stuhl, ein Tisch, eine Tischdecke, ein Eierbecher, ein Ei, ein Eierlöffel, Rasen*
Wo befindet sich der Mann?	*Er sitzt im Freien. Es regnet nicht.*
Was macht er?	*Er sitzt auf einem Stuhl an einem Tisch. Er klopft ein Ei auf.*
Wie sieht er aus?	*Er hat eine lange Nase. Er hat nur wenige Haare am Hinterkopf. Sonst ist nichts Besonderes an ihm.*
Wie sehen die anderen Sachen aus?	*Der Tisch ist klein, der Eierbecher und das Ei sind ziemlich groß.*

4 Vermute, wie sich der Mann fühlt. Kreuze an, was zu der Zeichnung passt:

- ☐ *Er ist zufrieden.*
- ☐ *Er ist noch müde.*
- ☐ *Er ist traurig.*
- ☐ *Er ist nervös.*
- ☐ *Er freut sich auf sein Frühstücksei.*

5 Woran kannst du erkennen, wie sich der Mann fühlt? Schreibe es auf.

Der Mann ....

....

6 Sieh dir Bild 2 genau an und prüfe: Was ist für die Geschichte wichtig? Beantworte dann die W-Fragen.

Wer oder was ist auf dem Bild zu sehen? ....

Wie sieht das Ei aus? ....

Was macht das Krokodil? ....

Was macht der Mann? ....

Wie sieht er aus? ....

7 Wie fühlt sich der Mann? Kreuze an.

- ☐ *Er ist erschreckt.*
- ☐ *Er ist verwirrt.*
- ☐ *Er hat Angst.*
- ☐ *Er freut sich.*
- ☐ *Er ist enttäuscht.*
- ☐ *Er denkt nach.*

8 Versuche selbst Fragen zu Bild 3 zu stellen. Beantworte dann deine Fragen.
Tipp: Die Fragen aus Aufgabe 3 helfen dir.

Fragen: *Antwort:*

9 Auf Bild 4 hat sich vieles verändert. Mit welchen Fragen findest du heraus, was alles passiert? Notiere und beantworte sie.

Fragen: *Antwort:*

10 Welche Überschrift könnte Leser neugierig machen?
Denke dir Möglichkeiten aus und schreibe die beste auf.

Wenn du eine Bildgeschichte in Worten erzählen sollst, musst du genau hinsehen und prüfen:
- **Was ist passiert?**
- **Welche Personen und Sachen spielen in der Geschichte eine Rolle?**
- **Welche sind unwichtig?**

Gerettet!

(1) Das war knapp für den Fisch! Mach dir klar, was der Reihe nach passiert.

1. Erzählschritt: ***Der Nachbar*** ....

2. Erzählschritt: ....

....

3. Erzählschritt: ....

....

4. Erzählschritt: ....

....

....

(2) Mach mit Ausrufezeichen in den Bildern deutlich, wie die Spannung wächst: ein kleines Ausrufezeichen für wenig Spannung, ein großes für große Spannung.

(3) Welcher Erzählschritt bildet den Höhepunkt der Geschichte? Zeichne drei Ausrufezeichen daneben.

Bildgeschichten
Eine Geschichte wird spannend, wenn die Zuhörer oder Leser sich fragen, wie sie wohl ausgeht. Die Erzählschritte bis zum Höhepunkt steigern die Spannung.

„Jetzt, schnell!"

In der Geschichte mit dem Fisch reden die Mutter und die Kinder miteinander, aber wir erfahren nicht, worüber sie sprechen. Wenn du aus der Bildgeschichte eine Wortgeschichte machst, kannst du selbst erfinden, was die Personen denken oder sagen.
Damit kannst du die Geschichte spannender machen.

1 Bild 1
Notiere, was die Mutter zu dem Nachbarn sagen könnte, der ihr den Fisch bringt.
Tipps: Sieh dir an, wie sie aussieht. Was empfindet sie und was könnte ihr durch den Kopf gehen? Gib den Personen in der Geschichte Namen.

„Hallo, Herr Pieper! Haben Sie wieder geangelt? Oh, ...

....

....

....

....

2 Weißt du noch, wie man die Anführungszeichen bei wörtlicher Rede setzt?
Diese Beispiele können dir helfen. Unterstreiche die wörtliche Rede.

Die Mutter begrüßt Herrn Pieper: „Guten Morgen. Haben Sie wieder geangelt?"

„Guten Morgen. Haben Sie wieder geangelt?", fragt die Mutter.

„Guten Morgen", sagt die Mutter. „Haben Sie wieder geangelt?"

3 Bild 2
Versetz dich in die Situation der beiden Kinder. Sie haben einen Wunsch an die Mutter.
Was könnten sie sagen? Und wie reagiert die Mutter? Probiere Sätze aus.

Ute sagt: „Mama, müssen wir ....

Die Mutter sagt: „Aber Ute, ...

.... *, sagt Marko. „* ....

Die Mutter sagt: ....

Ute sagt: ....

.... *, sagt die Mutter.*

4 Schreibe die wörtliche Rede mit mehr Abwechslung auf. Wo reicht ein Verb aus dem rechten Kasten? Wo kannst du ein Wort aus dem linken Kasten dazusetzen?
Tipp: Achte darauf, den Begleitsatz abwechselnd nach vorn, in die Mitte oder nach hinten zu stellen.

Es klingt langweilig, wenn die wörtliche Rede immer gleich eingeleitet wird. Außerdem möchten die Leser auch wissen, wie etwas gesagt wird.

INFO

bitten • fragen • antworten • wiederholen • vorschlagen • jammern • betteln • meinen • schimpfen • befehlen • fordern • flüstern • unterbrechen • denken • sich überlegen • sich vorstellen • meinen

vorsichtig • leise • hoffnungsvoll • bedrückt • bestimmt • ruhig • enttäuscht • traurig • hilflos • hastig • ärgerlich • zögernd • mit Nachdruck • ernst • lächelnd

„Mama", beginnt Ute vorsichtig, „müssen wir

5 **Bild 3**
Die Kinder geben nicht auf. Denk dir aus, was sie verabreden.
Wie müssen sie sprechen, damit die Mutter keinen Verdacht schöpft?

„He, Marko

6 Wer wird auf den beiden letzten Bildern etwas sagen? Was – und wie?

Bild 4 ....

....

....

....

Bild 5 ....

....

....

....

7 Mit einer Wortliste kannst du Wortwiederholungen vermeiden. Ergänze die Wortliste. Verbessere die Sätze und schreibe sie auf ein Blatt.

Die Mutter nimmt den Eimer.
Die Mutter nimmt ein Messer.
Die Mutter nimmt einen Kochtopf.
Die Kinder nehmen einen Eimer.

Verben:
tragen, schnappen, herausholen, greifen, setzen, packen, heben, fassen

Die Mutter geht in die Küche.
Die Kinder gehen auch in die Küche.
Die Mutter geht zum Herd.
Die Kinder gehen hinaus.
Die Kinder gehen zum Fluss.

folgen, sich wenden, ...

....

....

Die Kinder sehen die Mutter an.
Die Mutter sieht die Kinder an.
Die Kinder sehen sich an.

blicken, wenden sich ....

....

Die Kinder schmeißen den Fisch …

werfen, ...

8 Erzähle die Geschichte vom Fisch im Zusammenhang. Wende an, was du gelernt hast, um sie spannend zu erzählen. Schreibe auf ein Blatt.

Mit wörtlicher Rede kannst du in einer Geschichte ausdrücken, was die Beteiligten denken und fühlen. Das kann die Geschichte lebendiger und spannender machen. Aber Vorsicht: Zu viel wörtliche Rede wirkt auch manchmal langweilig.

Ein Krokodil beim Arzt

1 Kennst du Geschichten von Adrian und seinem Krokodil Odilo? Sieh dir die Bilder an. Wie fängt die Geschichte an? Schreibe in zwei Sätzen auf: Was ist passiert? Wie will Adrian seinem Krokodil helfen?

Das Krokodil Odilo hat ....

....

2 Du hast bestimmt schon Zahnschmerzen gehabt und weißt, was dann passiert. Aber ein Krokodil beim Zahnarzt? Sieh dir die Geschichte weiter an.

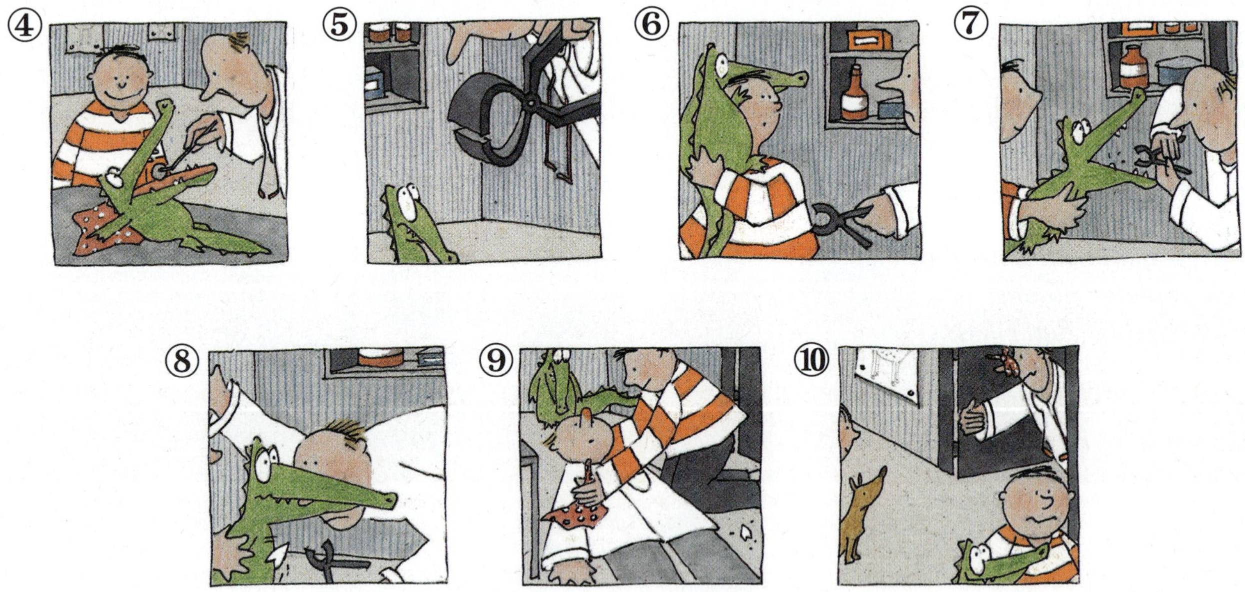

3 Markiere mit einem großen Fragezeichen, wo die Spannung in der Geschichte anwächst.

4 Was passiert tatsächlich mit Odilo? Hättest du das erwartet? In welchem Bild geschieht etwas Überraschendes? Zeichne ein großes Ausrufezeichen daneben. Das ist der Höhepunkt der Geschichte.

5 Sieh dir die Bilder vor dem Höhepunkt an. Schreibe auf ein Blatt, was in jedem der Bilder 4–8 passiert. Pass aber genau auf: Was ist zwischen den Bildern 7 und 8 passiert?

Odilo zitterte vor Angst

Wenn du Spannung mit Worten erzeugen willst, sieh dir beim Schreiben Bild für Bild genau an. Dabei hilft es, sich bei jedem Bild zu fragen:

Was tun die Beteiligten?

Was fühlen sie?

Was denken und sagen sie?

Was ist für die Geschichte wichtig?

> *Wer spannend erzählen will, braucht passende Sätze und treffende Wörter, die genau wiedergeben, was alles geschieht.*
> INFO

Spannung aufbauen

1 Sieh dir die Sätze zu den Bildern 4 und 5 an. Welche Sätze würdest du in deine Geschichte aufnehmen? Kreuze für jedes Bild zwei oder drei Sätze an.

☐ *Der Arzt legte Odilo auf den Behandlungstisch. Odilo hatte schreckliche Angst.*

☐ *Odilo glotzte den Arzt unverschämt an.*

☐ *Mit aufgerissenen Augen starrte Odilo auf den Arzt.*

☐ *Der Arzt untersuchte Odilo.*

☐ *„Ja, hier", sagte der Arzt, „der vereiterte Zahn! Der muss raus!"*

☐ *Der Arzt holte eine Zange.*

☐ *Mit einer riesengroßen Zange kam der Arzt auf Odilo zu.*

☐ *Odilo bekam große Angst vor der Zange.*

☐ *Vor Angst quollen Odilo die Augen aus dem Kopf.*

☐ *Starr vor Angst schaute Odilo auf die Zange.*

Schlimme Gedanken schossen Odilo durch den Kopf:

☐ *„Er wird mir schrecklich weh tun. Das halte ich nicht aus!"*

☐ *„Ich will wieder nach Hause. Lieber halte ich die Zahnschmerzen aus."*

2 Schreibe mit eigenen Worten auf ein Blatt, was auf den Bildern 4 und 5 geschieht.
Tipp: Bedenke, was du nicht zu erzählen brauchst, damit die Geschichte nicht zu lang wird.

(3) Was passiert auf den Bildern 6 und 7? Was tun, fühlen, denken oder sagen Odilo, der Arzt oder Adrian? Notiere Stichpunke.

Der Höhepunkt – die Überraschung

(4) Der Arzt hat es geschafft: Der schmerzende Zahn ist draußen. Was denkt er wohl und wie fühlt er sich? Und was macht Odilo? *Tipp:* Versuche den Höhepunkt so zu erzählen, dass die Leser merken: Gleich gibt's eine Überraschung.

Der Schluss: kurz und knapp

(5) Den Schluss kannst du ganz kurz in zwei Sätzen erzählen.

Bildgeschichten spannend erzählen
Befrage zuerst die Bilder genau und mach dir Notizen zu den einzelnen Erzählschritten. Du gestaltest den Spannungsbogen aus, indem du genau erzählst: Was passiert? Was fühlen, denken und sagen die Beteiligten? Du schreibst eine kurze Einleitung und einen kurzen Schluss.

(6) Schreibe die ganze Geschichte im Zusammenhang auf ein Blatt. Schreibe eine kurze Einleitung und gestalte dann aus, was du schon entworfen hast.

Reizwortgeschichten

Nachbar – Hund – Katze

Bei einer Reizwortgeschichte werden dir Wörter vorgegeben, die du zu einer Geschichte verbinden sollst. Vielleicht hilft dir dabei eine Geschichte, die du schon kennst.

1 Drei Reizwörter sind gegeben: *Nachbar* – *Hund* – *Katze*.
Versuch dir in Gedanken ein Bild von ihnen zu machen, und male sie anschließend auf ein Blatt. Du kannst dich auch für je einen Nachbarn, einen Hund und eine Katze entscheiden, die hier abgebildet sind. Dann markiere, für wen du dich entschieden hast:

2 W-Fragen helfen dir, Einfälle zu sammeln. Für das erste Reizwort „Nachbar" könnten Fragen und Antworten so aussehen. Schreibe eigene Einfälle in Stichworten auf:

Wer ist der Nachbar?	*Karl Einstein*	
Was arbeitet er?	*arbeitslos*	
Wie wohnt er?	*allein in einer kleinen Wohnung*	
Wie alt ist er?	*über 50*	
Wie sieht er aus?	*alt und krank*	
Wie ist er?	*zurückhaltend, redet nicht gern*	
Warum kann er mich nicht (oder gut) leiden?	*er will keinen Kontakt zu Kindern*	
Was für ein Tier besitzt er?	*einen dicken roten Kater*	
Weshalb mag ich ihn (nicht)?	*er ist immer unfreundlich, lacht nie*	

(3) Denke dir Fragen zum Nachbarn aus und beantworte sie.

Wieso ?

Hat er ?

Ist er ?

(4) Wie du beim ersten Reizwort vorgegangen bist, so kannst du mit den anderen weiterarbeiten.

INFO: Bei einer Reizwortgeschichte sollst du dir eine möglichst genaue Vorstellung von jedem einzelnen Reizwort machen.

Wem gehört der Hund?

Wie heißt er?

Was hat er mit der Katze zu tun?

Ist er gefährlich?

Hat er

?

Wem gehört die Katze?

Wie heißt sie?

Was hat ?

Ist sie ?

Hat sie ?

Was könnte passieren?

1 Es ist vorteilhaft, wenn du mehrere Möglichkeiten überlegst, was passieren könnte.
Sieh dir die Beispiele an und ergänze.

> *Oft fällt es dir leichter, eine Geschichte auszudenken, wenn du zunächst nur zwei Mitspieler beachtest.*
>
> INFO

Erste Möglichkeit

Der Hund verträgt sich gut mit der Katze des Nachbarn.

Die beiden Tiere liegen gern gemeinsam auf dem Rasen vorm Haus oder spielen sogar zusammen.

Zweite Möglichkeit

Der Nachbar mag keine Hunde.

Er beschwert sich über jedes Gebell und jeden Hundehaufen, auch wenn er gar nicht von deinem Hund stammt.

Dein Hund knurrt ihn immer an.

Dritte Möglichkeit

....

....

....

2 Überlege auch, wie der dritte Mitspieler einbezogen werden kann.
Oder denk dir von Anfang an eine Handlung mit allen Beteiligten aus. Notiere deine Einfälle.

....

....

....

Mein Nachbar, mein Hund und seine Katze

1 Wenn du genügend Einfälle hast, musst du überlegen, welche Handelnden und welche Handlungen die beste Geschichte ergeben. Dabei helfen folgende Fragen. Beantworte sie.

Über welche deiner Ideen würdest du am liebsten schreiben?

....

Was könnte am spannendsten dargestellt werden? Wo gibt es die größte Überraschung?

....

Welche Geschichte wäre besonders lustig?

....

2 Nun musst du dich entscheiden.
Gib der Geschichte, die du erzählen willst, eine passende Überschrift.

....

3 Schreibe die Erzählschritte für deine Geschichte auf. Das Beispiel, in dem der Hund die Katze wiederfindet, kann dir helfen.

> *Deine Geschichte sollte immer eine Einleitung, einen Hauptteil und einen Schluss haben. Im Hauptteil stellst du die Handlung in Erzählschritten dar.* INFO

Der Nachbar klingelt an der Tür. (Einleitung) ....

Alle suchen nach der Katze. Du suchst mit deinem Hund im Park. 1 ....

....

Du findest die Katze hinter einem Schuppen. 2 ....

....

Du lieferst die Katze beim Nachbarn ab. 3 ....

....

Der Nachbar wird ein guter Freund von dir. (Schluss) ....

4 Trage die Ziffern deiner Erzählschritte aus Aufgabe 3 in die Erzähl-Maus ein. Welcher deiner Erzählschritte ist der Höhepunkt? Markiere ihn farbig.

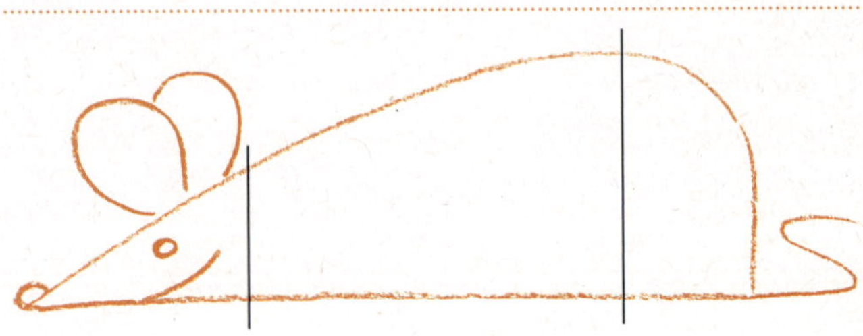

5 Willst du eine Erzählung schreiben, in der du selbst mitspielst, oder willst du über andere schreiben? Setze die Anfänge ein kurzes Stück fort.

Es war mitten im Winter, als mir Herr Einstein, mein Nachbar, erzählte, dass seine Katze entlaufen sei. Mit meinem Hund beteiligte ich mich an der Suche. Ich …

Es war mitten im Winter, als Herrn Einsteins Katze weglief. Er war der Nachbar von Nico und bat ihn, sich mit seinem Hund an der Suche zu beteiligen. Er …

6 Entwirf nun eine Einleitung für deine Geschichte.

7 Deine Geschichte wirkt lebendiger, wenn du im Hauptteil auch Gedanken und Gefühle der Handelnden wiedergibst.
Sieh dir die Beispiele an: Welcher Gedanke drückt Vorfreude aus, welcher Überraschung?
Ordne zu: V für Vorfreude, Ü für Überraschung

……… *Der Alte wird bestimmt dankbar sein, wenn ich ihm seine Katze zurückbringe.*

……… *Das kann doch nicht wahr sein!*

8 Notiere weitere Sätze, die Gefühle zum Ausdruck bringen.

Spannung:

Neugierde:

Angst:

Unsicherheit:

Enttäuschung:

Freude:

Und dann und dann und dann ...

Spannende Geschichten wirken langweilig, wenn zu viele Sätze gleich anfangen. Probiere aus, wie du die Sätze verbinden kannst.

In einem Satz etwas verändern

1 Beginne den zweiten Satz anders. Diese Wörter können dir dabei helfen: ***auf einmal, nach einiger Zeit, wenig später, aber dann ... , deshalb, aus diesem Grund ..., doch, trotzdem***

Ich wollte meinem Nachbarn helfen. Ich versprach ihm die Katze zu suchen.

Mein Nachbar war dankbar. Mein Nachbar wollte mich nicht begleiten.

Zwei Sätze zu einem verbinden

2 Versuche zwei Sätze durch „und" zu verbinden.

Ich ging mit meinem Hund in den kleinen Park. Ich führte ihn durch alle Büsche.

3 Verbinde die Sätze mit einem der folgenden Wörter: ***als, nachdem, weil, sodass, während, damit, bis, bevor ...*** *Tipp:* Manchmal musst du vielleicht Satzteile tauschen.

Wir fanden nichts. Wir gingen zu dem Spielplatz.

Ich wollte schon weitergehen. Ich hatte eine Idee.

4 Verbessere den Rest des Textes und schreibe ihn auf ein Blatt. Überlege, welche Sätze du verändern oder verbinden willst.

Ich ging dann zu dem Spielhaus.
Mein Hund fing dann an zu bellen.
Ich sah dann die Katze auf dem Dach.
Ich band dann meinen Hund am Haus fest.
Ich lockte dann die Katze zu mir herunter.
Sie kam dann.
Ich nahm sie dann auf den Arm. Ich trug sie dann nach Hause.

Wandertag – Rucksack – Pony

1 Beantworte die W-Fragen für das erste Reizwort in Stichworten.

Wer? ....

Was? ....

Wie? ....

2 Beantworte die W-Fragen für das zweite Reizwort in Stichworten.

Was? ....

Wie? ....

3 Beantworte die W-Fragen für das dritte Reizwort in Stichworten.

Was? ....

Wo? ....

Wie? ....

4 Überlege dir, was mit einem Rucksack und einem Pony an einem Wandertag passieren kann. Notiere verschiedene Möglichkeiten.

Erste Möglichkeit

Zweite Möglichkeit

Dritte Möglichkeit

Vierte Möglichkeit

Weitere Möglichkeit?

Weitere Möglichkeit?

5 Entscheide dich für eine Möglichkeit. Kreise die ein, von der du meinst, dass sie die beste Geschichte ergeben könnte.

6 Lege dich fest: Spielst du selbst in der Geschichte mit? Dann schreibe in der Ich-Form. Oder erzählst du, was anderen passiert? Dann schreibe in der Er-/Sie-Form.

(7) Gliedere deine Geschichte in Erzählschritte.

Einleitung ....

1. ....

2. ....

3. ....

4. ....

....

....

Schluss ....

(8) Die Erzähl-Maus kann dir bei der Planung deiner Geschichte helfen.
Verteile deine Erzählschritte auf die Erzähl-Maus.

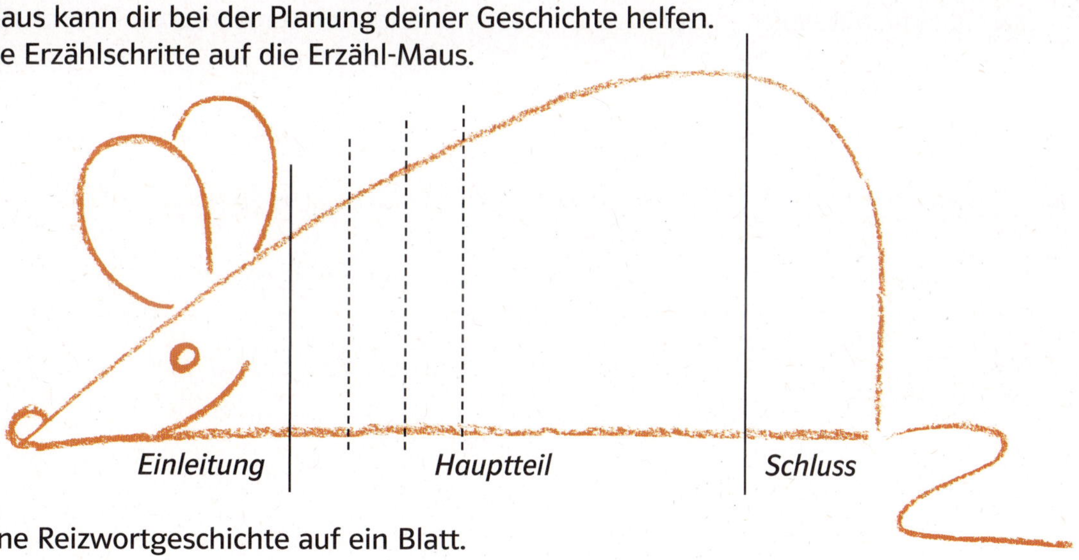

(9) Schreibe deine Reizwortgeschichte auf ein Blatt.

Willst du eine Geschichte nach vorgegebenen Reizwörtern schreiben, dann gehe so vor:

1. **Überlege, was dir zu jedem Reizwort einfällt.**
2. **Notiere dann, was mit ihnen passieren kann.**
3. **Wähle eine Erzählform: aus deiner eigenen Sicht, aus der Sicht eines anderen (Ich- oder Er-/Sie-Erzählung)**
4. **Plane den Hauptteil mit Erzählschritten und Höhepunkt, indem du Fragen stellst. Gestalte den Hauptteil aus. Achte dabei darauf, dass deine Sätze nicht alle gleich anfangen.**
5. **Ergänze eine kurze Einleitung und einen Schluss.**

Fantasieerzählung

Gespensterschule

Liest du gern gruselige Geschichten? In diesem Kapitel übst du selbst eine Gespenstergeschichte zu erfinden, bei der es andere gruselt – oder die einfach witzig ist. Stell dir vor ...

In einer Burgruine tief im Wald befindet sich die Gespensterschule. Alle jungen Gespenster (zwischen 50 und 200 Jahren) lernen dort, wie man richtig spukt. Denn in jüngster Zeit blamieren sich immer mehr Gespenster, weil es ihnen nicht mehr gelingt, den Leuten Angst einzujagen.

Mit schaurigen Geräuschen erschrecken

1 Die Gespenster bereiten sich im Unterricht aufs nächste Spuken vor. Schließ deine Augen und stell dir vor, mit welchen Geräuschen Gespenster andere erschrecken können. Ergänze die Liste.

wie ein Schwerkranker röcheln	*mit dem Gebiss knirschen*
wie ein Wolf	*mit dem Skelett* ....
.... *kreischen*	*mit den Ketten* ....
....	....
....	....
....	....

Mit schaurigem Aussehen erschrecken

2 Unterstreiche im folgenden Text, was dort über das Aussehen der Gespenster steht.

So ist einmal ein Gespenst erschienen: Der Junge öffnete die Tür. Da sah er direkt vor sich im blassen Mondlicht einen alten Mann von ganz grässlichem Aussehen. Seine Augen waren rot wie brennende Kohlen, langes graues Haar fiel in verfilzten Locken über seine Schultern. Seine Kleidung, die einen altmodischen Schnitt hatte, war schmuddelig und zerlumpt, und an seinen Handgelenken und Fußknöcheln hingen schwere Handschellen und rostige Fußfesseln mit langen Ketten.

3 Sammle in der Liste: Wie können Gespenster aussehen? Was hast du in anderen Gespenstergeschichten gelesen?

Gespenster erscheinen als: ***ein alter Mann***

Das ziehen wir uns an:

Unsere Augen sind:

Unsere Haare:

Unser Mund ist:

Mit schaurigen Handlungen erschrecken

4 Und was tun Gespenster? Auch dafür findest du Beispiele im Text. Erinnerst du dich an andere Handlungen aus Filmen oder Geschichten? Trage alles unten ein.

Ein Gespensterschüler hat so sein Vorgehen geplant: Als Erstes würde es sich ihnen natürlich auf die Brust setzen, um so das beklemmende Gefühl des Alpdrucks zu erzeugen. Dann würde es sich in Gestalt einer eiskalten Leiche zeigen. Zum Schluss wollte es das Leichentuch ausziehen und mit gebleichten Knochen und rollenden Augäpfeln im Zimmer herumkriechen …

auf die Brust setzen,

Eine Gespensternacht

Wenn du dir eine Gespenstergeschichte ausdenken willst, brauchst du Einfälle. Stell dir vor: In der Nähe der Gespensterschule ist vor kurzem ein altes Schloss zu einem modernen Sporthotel umgebaut worden. Dort wollen die Gespensterschüler spuken üben. Was kann alles passieren?

1 Hast du gleich ein paar gute Einfälle? Vielleicht findest du noch bessere, wenn du dir die Situation genau vorstellst. Beantworte die W-Fragen.

Wer spielt mit?

natürlich Gespenster, ……………………………………………

Wen können sie im Hotel erschrecken?

den Hausmeister, eine Fußballmannschaft, ……………………………

Wo kann die Geschichte spielen?

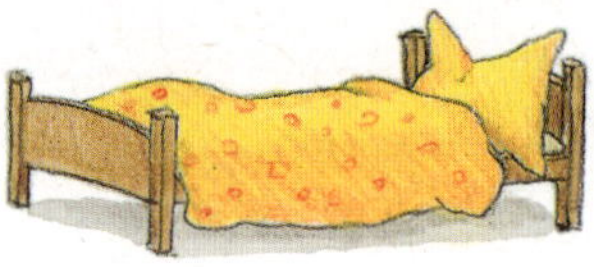

in der Küche, ……………………………………………

Wann spielt die Geschichte? ……………………………………………

2 Wen könnten die Gespenster erschrecken, wo und wie? Lies die Vorschläge und ergänze sie.
Tipp: Das Spuken kann gut klappen, aber es kann auch schief gehen.

Wo: ***Fußballplatz im Flutlicht***

Wann: ***gegen neun Uhr abends***

Wer: ***eine Gruppe von Gespenstern und eine Fußballmannschaft***

Was passiert? ***Die Gespenster fliegen um die Spieler herum. Die Spieler geraten in Panik und fliehen entsetzt.***

Wo: ***in der Disko***

Wann: ....

Wer: ....

Was passiert: ***Die jungen Leute freuen sich über alles, was die Gespenster tun. Sie denken, es gehört zum Programm. Die Gespenster sind frustriert.***

3 Schreibe einen Einfall für deine Geschichte auf.

Meine Ideen für eine Gespenstergeschichte

Wo: ....

Wann: ....

Wer: ....

Was ist passiert? ....

....

....

....

....

....

....

Wenn du dir eine spannende Geschichte ausdenken willst, brauchst du einen guten Einfall. Am besten kommst du zu solchen Einfällen, wenn du vorher W-Fragen beantwortest und dir genau ausmalst, was alles passieren kann.

Der Spuk auf dem Fußballplatz

1 Welche Handlungen der Gespenster passen in die Geschichte auf dem Fußballplatz? Streiche die Einfälle durch, mit denen die Gespenster draußen im Flutlicht wohl niemanden erschrecken können.

Sie schwirren wie riesige Vögel um die Fußballer herum.
Sie schlurfen als alte Frau über das Fußballfeld.
Sie fliegen als durchsichtige Gestalten herum.
Sie malen Blutflecke auf den Rasen.
Sie hauchen den Spielern Pestatem ins Gesicht, sodass ihnen übel wird.
Sie fliegen um die Flutlichtscheinwerfer und werfen gespenstische Schatten.
Sie schießen die Bälle in die Luft und spielen sie sich dort zu.

2 Hast du noch andere Einfälle? Ergänze.

....

....

3 Ordne die Handlungen der Gespenster aus Aufgabe 1 den Erzählschritten zu.
Tipp: Natürlich zeigen sie nicht gleich am Anfang ihre gruseligsten Tricks.

Einleitung:* *Die Gespenster machen sie erst einmal auf sich aufmerksam.

1 ***Sie fliegen um die Flutlichtscheinwerfer herum und werfen gespenstische Schatten.***

2 ....

....

3 ....

....

4 ....

5 ....

Schluss: ***Die Fußballspieler laufen in Panik davon.***

4 Prüfe die Reihenfolge der Erzählschritte: Wird es immer gruseliger oder witziger?

5 Kreuze an: Welcher Erzählschritt kann der Höhepunkt werden?

6 Nun kannst du eine eigene Gespenstergeschichte erfinden.
Schreibe die Erzählschritte für deine Geschichte auf.

Überschrift: ....

Einleitung: ....

....

Hauptteil/Erzählschritte: ....

....

....

....

....

....

....

Höhepunkt: ....

....

Schluss: ....

....

....

Damit aus einer Erzählidee eine Geschichte wird, musst du dir eine Handlung ausdenken und sie in Erzählschritte gliedern. Besonders gut wird deine Geschichte, wenn du Schritt für Schritt die Spannung bis zum Höhepunkt steigerst.

Da standen ihm die Haare zu Berge

Damit aus deinen Erzählschritten eine gruselige oder witzige Gespenstergeschichte wird, musst du sie ausgestalten. Die Mittel dafür kennst du schon:

- Du malst genauer aus, was die Gespenster tun und erleben.
- Du beschreibst Gedanken und Gefühle.
- Du fügst wörtliche Rede ein.

1 Du hast bestimmt schon selbst erfahren, was mit deinem Körper passiert, wenn du erschrickst oder Angst bekommst. Sieh dir die Abbildungen an. Ergänze die Liste mit weiteren Beispielen.

Die Haare standen ihm zu Berge. ……………………

Sie wurde ……………………

Ihr Mund ……………………

……………………

……………………

……………………

……………………

……………………

……………………

2 Angst verschlägt manchen die Sprache, andere schreien eher. Sammle Beispiele, was Leute denken oder sagen können.

„Weg hier, haut ab!", schrie sie aus Leibeskräften.

Er stammelte: ……………………

……………………

……………………

……………………

……………………

……………………

Eine Geschichte ausgestalten
Die Leser deiner Geschichte sollen sich gut vorstellen können, wie gruselig oder witzig alles war. Das erreichst du, indem du möglichst genau beschreibst, was passiert, und auch, was die Personen fühlen, denken oder sagen.

Gerade als sie ...

1 Lies diesen Entwurf einer Gespenstergeschichte.

Die Turmuhr schlug vier. Dann war es so weit. Vampira schlug sich das Leichentuch um ihr Skelett. Dann schlich sie die Treppe hinunter in die Küche. Dann schwang sie sich mit einem Satz in die Kühltruhe. Dann hörte sie die Küchenfrau in die Küche kommen. Und dann begann Vampira laut zu seufzen. Dann fuhr die Küchenfrau zusammen. Dann schaute sie sich ängstlich nach allen Seiten um. Und dann kicherte und kreischte Vampira wie eine Verrückte. Und dann floh die Küchenfrau voller Entsetzen aus der Küche.

2 Das kannst du bestimmt besser! Ergänze die Möglichkeiten, Sätze abwechslungsreich anzufangen.

(1) „dann" oder „und dann" streichen und die Sätze mit „und" verbinden:

Alle rasselten mit den Ketten und polterten die Treppe hinunter.

(2) Sätze umstellen:

Sie saß kreidebleich im Bett. - Kreidebleich saß sie in ihrem Bett.

(3) Sätze mit wechselnden Wörtern beginnen:
plötzlich, auf einmal, nach einer Weile, in dem Moment, inzwischen, aber, doch ...

Auf einmal schwirrten zehn Gespenster durch das Fenster.

(4) Sätze verbinden mit: *(gerade) als, nachdem, noch bevor, während ...*

Als sie stehen blieb, sah sie ein halb durchsichtiges Gespenst vor sich.

3 Schreibe den Text oben im Ganzen um und wende die Möglichkeiten an. Schreibe auf ein Blatt. Prüfe deinen Text. Hast du auch abwechslungsreich formuliert?

Ein Text liest sich besser, wenn du die Sätze unterschiedlich formulierst und verbindest. Mit Ausrufen, wörtlichen Reden, Gefühlen und Gedanken kannst du für zusätzliche Abwechslung sorgen.

Spuk im Sporthotel

Jetzt hast du genug Vorübungen gemacht. Schreibe deine Geschichte auf ein Blatt. Die folgenden Angaben helfen dir dabei. Wichtig: Lass immer eine Zeile frei für die Überarbeitung.

1 ***Einleitung.*** Überlege, wie deine Geschichte anfangen soll und schreibe den Anfang auf. Die beiden Beispiele können dir dabei helfen.

(1) Endlich konnten die Gespensterschüler zeigen, was sie gelernt hatten. Voller Tatendrang brachen sie auf, als es schließlich finster geworden war ...

(2) Es war eine finstere Nacht ohne Mond und Sterne. Vom Kirchturm schlug es zwölfmal. Da machten sich die Gespensterschüler auf den Weg ...

2 ***Hauptteil.*** Nimm den Plan deiner Geschichte (Seite 49 oder einen neuen) und gestalte die Erzählschritte aus.

Zuerst ...
Dann wurde es noch schlimmer ...
Lange nach Mitternacht ...

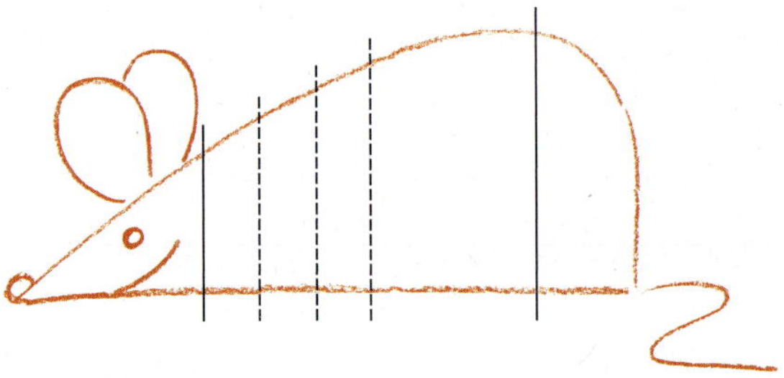

3 ***Höhepunkt.*** Heb dir den spannendsten, gruseligsten oder witzigsten Erzählschritt bis zuletzt auf. Achte auf die sprachlichen Mittel.

Das darf doch nicht wahr sein!
„Bitte, tut mir nichts", jammerte er.
Das muss ein Alptraum sein, dachte er.

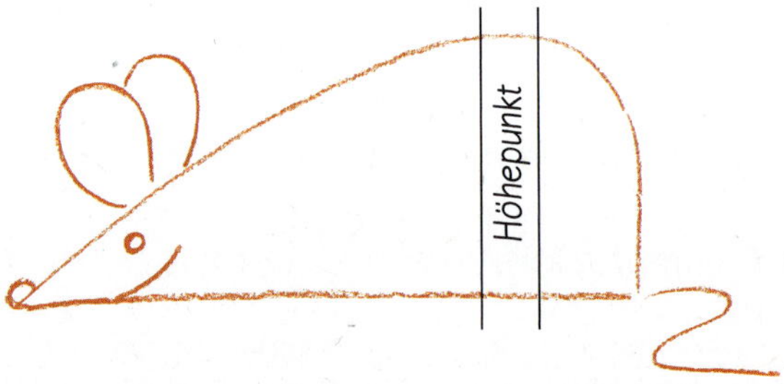

4 ***Schluss.*** Überlege, wie deine Geschichte enden soll und schreibe das Ende auf. Die beiden Beispiele können dir dabei helfen.

(1) Die Gespenster verschwanden im Dunkeln. Erst Stunden später kamen die zitternden und vor Angst schwitzenden Sportler zur Ruhe und kehrten in ihre Betten zurück. Aber niemand schlief gut in dieser Nacht.

(2) „Vor solchen Gespenstern muss man keine Angst haben, sie sind eigentlich ganz nett." Mit diesen Worten ging der Trainer in sein Zimmer zurück. Aber die Spieler sprachen noch lange vom Spuk im Sporthotel.

5 ***Überschrift.*** Wie soll deine Geschichte heißen? Die Überschrift muss neugierig machen, darf aber nicht zu viel verraten. Probiere verschiedene Möglichkeiten aus.

6 Lies deine Geschichte noch einmal durch. Bist du zufrieden? Sieh die Erzähl-Mäuse in diesem Kapitel an. Fällt dir ein, wie du in deiner Geschichte noch etwas verbessern kannst, wie sie noch gruseliger oder witziger wird? Schreibe es in die leeren Zeilen.

7 Eine spannende Gespenstergeschichte kann ein Geschenk für deine Eltern oder Großeltern werden. Schreibe die überarbeitete Geschichte auf ein besonderes Blatt. Vielleicht kannst du zu deiner Geschichte auch ein gruseliges Bild malen.

Gegenstände beschreiben

Jede Menge Schiffe ...

1 Welche Arten von Schiffen kennst du?
Schreibe auf, wie die Schiffe in den Regalen bezeichnet werden.

Fischerboote, ...

....

2 Wenn du so viele Schiffe siehst, dann merkst du erst, wie unterschiedlich sie sind. Es gibt nicht nur verschiedene Arten, wie z. B. Fracht- oder Passagierschiffe, sie unterscheiden sich auch in anderen Merkmalen. Ordne zu: Welche Schiffe unterscheiden sich?

in der Größe: ***die Segelboote***

in der Farbe: ....

....

im Alter: ....

im Material, aus dem sie bestehen: ....

....

in der Form: ....

Gegenstände gleichen oder unterscheiden sich in ihren Merkmalen: in der Größe und Form, in der Farbe oder dem Material, aus dem sie bestehen, in ihrem Zweck, in ihrem Alter, Wert oder Preis ... Wenn du sie vergleichen willst, musst du auf diese Merkmale achten.

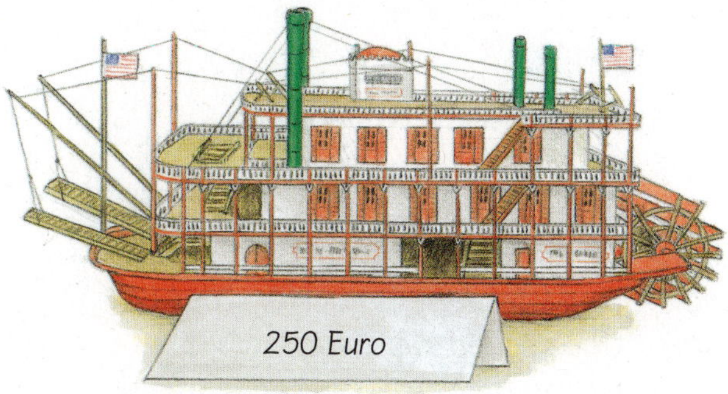

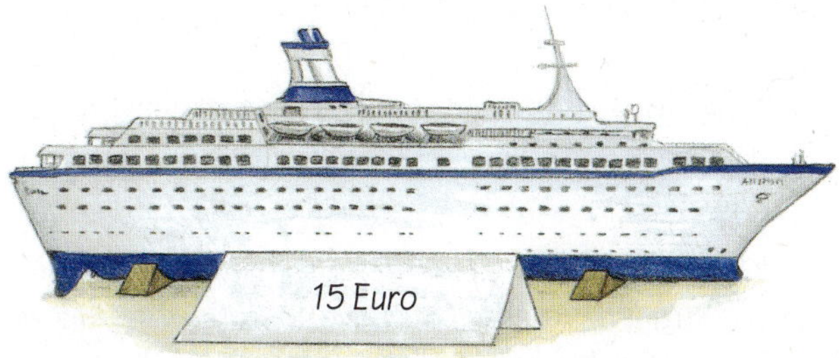

3 Sieh dir die beiden Schiffe an und vergleiche sie. Schreibe auf, in welchen Merkmalen sie sich unterscheiden.

Alter,

4 Die meisten Schiffe unterscheiden sich auch in vielen Einzelheiten. Du weißt bestimmt, was es bei einem Schiff alles gibt und wie man die Teile nennt. Ordne die Wörter richtig zu.

Rumpf (A), Deck (B), Reling (C), Mast (D), Kommandobrücke (E), Rettungsboote (F), Bug (G), Anker (H), Kabinen (I), Maschinenraum (K), Heck (L), Ruder (M)

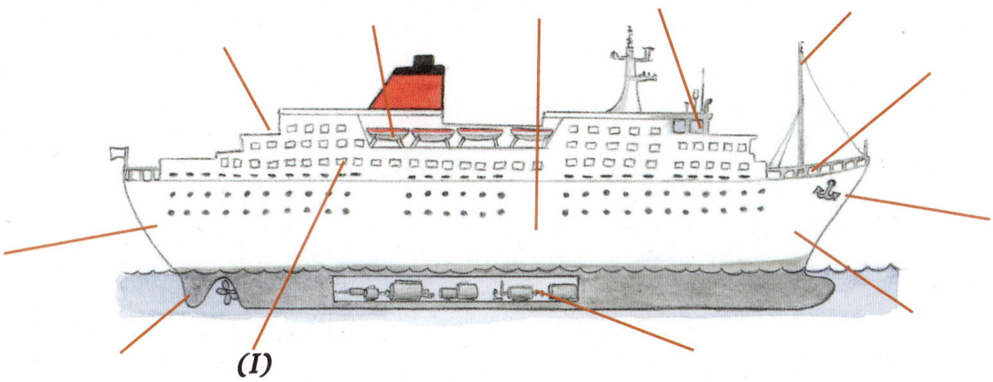

5 Vergleiche die beiden Schiffe von Aufgabe 3. Schreibe auf: Welche Teile unterscheiden sich?

Rumpf,

6 Suche dir eins von den Schiffen auf Seite 54 aus, das dir gut gefällt.
Schreibe in Stichworten auf, wie es aussieht, aber verrate nicht, was für eine Art von Schiff es ist.
Kann eine Partnerin/ein Partner herausfinden, welches Schiff du meinst?

Ein Hund zum Kuscheln

1 Omas haben es nicht leicht, wenn sie ihren Enkeln Wünsche erfüllen wollen.
Lies, was sich Hanna von ihrer Oma wünscht.

Hanna: *Hallo Oma! Ich wünsche mir zum Geburtstag einen Stoffhund von dir, mit dem ich schön kuscheln kann.*
Oma: *Das ist ein schöner Wunsch. Wie soll dein Kuschelhund denn aussehen?*
Hanna: *Genauso wie der von Cora.*
Oma: *Und wie sieht Coras Hund aus?*
Hanna: *Ganz schön kuschelig!*
Oma: *Na, da muss ich mal sehen …*

INFO: Wenn du etwas genau beschreiben willst, musst du viele Unterschiede erkennen und benennen.

2 Einige Unterschiede bei diesen Hunden fallen sofort auf. Worauf musst du achten?

Form, Material, ……………………………………

3 Die Hunde unterscheiden sich auch in Einzelheiten. Worauf musst du achten?

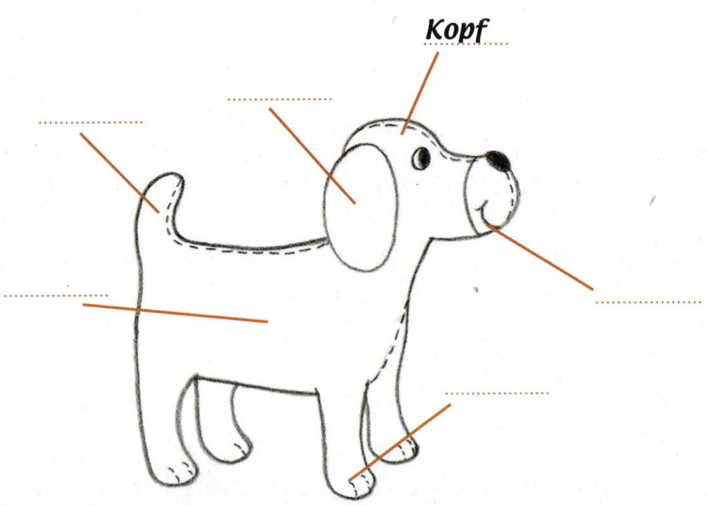

Weitere Unterschiede: ***Flecken,*** ……………………………………

……………………………………

……………………………………

……………………………………

……………………………………

INFO: Um Unterschiede genau beschreiben zu können, brauchst du genaue Bezeichnungen. Eine gute Hilfe ist es, wenn du dir Wortlisten anlegst.

4 Viele Hunde haben ähnliche Farben.
Versuche sie möglichst genau zu benennen.

grau: ***silbergrau,*** …………………… *schwarz:* ***pechschwarz,*** ……………………

braun: ***rotbraun,*** …………………… *weiß:* ……………………

5 Alle Körperteile können verschieden aussehen. Ordne die Adjektive zu: Was passt zu welchem Körperteil?

kantig, fett, spitz, wulstig, mager, schlapp, hochstehend, rund, kurz, dick, breit, länglich, herunterhängend, schlaff, nackt, kräftig, schlank

Kopf: ***kantig***

Rumpf:

Ohren:

Schnauze:

6 Und wie können diese Körperteile aussehen?

Fell: ***langhaarig***

Beine:

Schwanz:

7 Hier ist der Stoffhund, den sich Hanna wünscht. Jetzt hast du genug Wörter zur Verfügung, um der Oma genaue Informationen zu geben. Setze die Beschreibung fort. Achtung: Denke daran, in der Gegenwart zu schreiben.

Hanna wünscht sich einen Stoffhund aus weichem Plüschmaterial. Er ist ungefähr 60 cm lang und 40 cm hoch. Er hat

Wenn du einen Gegenstand so beschreiben willst, dass andere ihn sich gut vorstellen können, kannst du mit den allgemeinen Merkmalen beginnen, wie z. B. Größe, Farbe, Material ... Dann beschreibst du Einzelheiten. Wortlisten helfen, die richtigen Bezeichnungen auszuwählen.

Aber nicht mit Rücklichtern!

Du brauchst eine neue Schultasche und deine Oma möchte sie dir schenken. Aber du hast Angst, dass sie eine aussucht, die dir nicht gefällt. Dann solltest du ihr beschreiben, was für eine Tasche du dir wünschst. Die Übungen helfen dir dabei.

1 Mach dir klar: Was ist für dich bei einer neuen Schultasche wichtig? Schreibe alles auf.

Sie darf nicht ....

Sie soll ....

2 Beginne mit den allgemeinen Merkmalen. Sammle Wörter, mit denen du beschreiben kannst, was dir wichtig ist. Wo passen Adjektive besser, wo Nomen oder Verben?

Wenn du sicher gehen willst, dass du eine Tasche bekommst, die dir gefällt, musst du genau beschreiben, wie sie sein soll. INFO

Größe: ***mittelgroß, übliche Größe***

Form: ***quadratisch, Hochformat, wie ein Sack***

Farbe: ***glänzt,***

Material: ***stabil, aus ...***

Gewicht:

3 Diese Tasche ist bestimmt nicht deine Wunschtasche. Du kannst dir daran aber klar machen, was an deiner anders sein soll.
Markiere alle Teile, auf die es dir ankommt.

4 Notiere alle Einzelheiten, die dir wichtig sind.

Innenfach: ***unterteilt, zum Ordnen, Hauptfach***

Extratasche: ***klein und groß, Außentasche***

Verschlüsse: ***Kordelschluss, Schnappverschluss, zum Aufhängen***

5 Beschreibungen werden in der Gegenwart (Präsens) geschrieben.
Schreibe die Sätze in der richtigen Zeitform auf.

Die Tasche war zweifarbig. Das Material sah aus wie Leder, war aber Plastik. Die Verschlüsse haben golden geglänzt.

6 Ein Mädchen hat ihren Lieblingsrucksack bekommen. Sie beschreibt ihn so:

Der Rucksack ist ganz toll. Er hat meine Lieblingsfarben. Er hat eine ganz normale Form. Er hat auch genau die richtige Größe. Er hat ganz viele Fächer. Er regnet nicht durch ihn hindurch. Er hat einen einfachen Verschluss. Er drückt nicht auf den Schultern. Das Material fasst sich ganz gut an.

Wie sieht dein Lieblingsrucksack aus? Verändere den Text entsprechend.
Probiere auch aus, wie du die Sätze abwechslungsreicher beginnen kannst.
Schreibe auf ein Blatt.

Meine Lieblingsrucksack sieht so aus: Er hat ... Seine Form ... Außerdem ist/hat ... Innen und außen ... Das Besondere sind ...

Wenn du anderen etwas genau beschreiben willst, brauchst du die passende Wörter. Mal passen Adjektive besser, mal Nomen oder Verben. Um die richtigen zu finden, kannst du dir Wörterlisten anlegen. Beschreibungen werden im Präsens (Gegenwartsform) geschrieben.

Mein bestes Stück

Du hast bestimmt einige Sachen, die dir ans Herz gewachsen sind oder die du dir wünschst. Das kann eine neue Schultasche sein, aber auch etwas zum Anziehen, ein Schmuckstück... Beschreibe dein bestes Stück so, dass sich andere gut vorstellen können, wie es ist und was dir an ihm so gefällt. Du kannst aber auch eins der abgebildeten Lieblingsstücke auswählen.

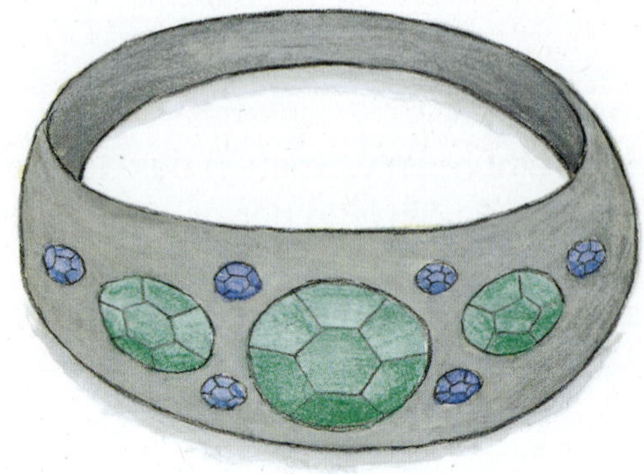

1 Auch Beschreibungen beginnen mit einer Einleitung.
Sie kann ganz kurz sein, wenn sie klar macht, worum es geht.
Sieh dir die Beispiele an und schreibe dann selbst eine Einleitung für dein „bestes Stück" auf.

1. Im Kaufhaus gibt es eine Schultasche, die mir gut gefällt.

2. Ich wünsche mir eine neue Schultasche, die so aussehen soll:

3. ....

4. ....

5. ....

2 Für den Hauptteil musst du dir überlegen, wie du deine Beschreibung aufbaust.
Kreuze an, für welche Möglichkeit du dich entscheidest.
Notiere in Stichworten, was du der Reihe nach beschreiben willst.

☐ *Du kannst von den allgemeinen Merkmalen ausgehen und dann die Einzelheiten beschreiben.*

....

....

☐ *Du kannst der Reihe nach alles von oben nach unten oder von außen nach innen beschreiben.*

☐ *Du kannst mit dem anfangen, was für dich am wichtigsten ist.*
Dann beschreibst du die übrigen Merkmale und Einzelheiten.

3 Beschreibungen brauchen nur einen kurzen Schluss oder gar keinen. Entscheide dich.

Die Tasche kostet 39 Euro.

4 Beschreibe nun dein „bestes Stück“ oder die Kuh/den Ring in einem zusammenhängenden Text. Nutze dabei Wortlisten wie auf Seite 58/59.

Bei einer Gegenstandbeschreibung musst du darauf achten: Welche allgemeinen Merkmale sind wichtig und welche Einzelteile? Die musst du mit passenden Wörter beschreiben.
Bei der Reihenfolge kannst du verschieden vorgehen: Erst die allgemeinen Merkmale, dann die Einzelteile. Oder von oben nach unten oder zuerst das Wichtige, dann alles andere.

Wege beschreiben

Wo geht's denn hier zum Schwimmbad?

Du musstest dich bestimmt schon einmal in einer fremden Umgebung zurechtfinden. Kein Problem – man kann ja jemanden fragen! Aber leider können nicht alle Leute gut Wege beschreiben.

(1) Lies die Wegbeschreibungen. Nach welcher würdest du gehen? Welche Hinweise sind wirklich hilfreich? Notiere Stichworte.

....

....

....

....

2 Findest du den beschriebenen Weg? Zeichne ihn in den Stadtplan ein.
Markiere das Schwimmbad mit diesem Zeichen (●).

X = Standort

3 Sieh dir noch einmal an, wie der Weg zum Schwimmbad beschrieben wird.
Schreibe die grobe Richtung und Entfernung auf.

Bevor du einen Weg genau beschreibst, solltest du sagen, in welche Richtung man gehen muss und wie weit das Ziel ungefähr entfernt ist. Dann geht man nicht völlig falsch, auch wenn man Einzelheiten vergisst.

INFO

....

....

....

4 Unterstreiche in der Wegbeschreibung des Punks alle Richtungsangaben und Orientierungspunkte. Sieh dir dann den Stadtplan an und kreuze andere Beschreibungen an, die auch richtig gewesen wären.

- ☐ *am Schillerdenkmal vorbei*
- ☐ *bei der Ampel rechts und dann immer geradeaus*
- ☐ *hinter dem Krankenhaus rechts*

5 Woran kann der Junge erkennen, dass er sein Ziel erreicht hat?
Schreibe auf, wie du es ihm erklären könntest.

....

....

....

....

Im Info-Pfeil siehst du den Aufbau einer Wegbeschreibung. Wenn du die drei Teile beachtest, gibst du eine hilfreiche Auskunft.

grobe Richtung und Entfernung (oder Zeit) → *genaue Richtungsangabe und Orientierungspunkte in der richtigen Reihenfolge* → *Zielangabe*

6 Stell dir vor, du sitzt in dem kleinen Park in der Mitte des Plans.
Es kommen einige Leute vorbei, die dich nach dem Weg fragen.
Antworte ihnen (mündlich) und halte dich dabei an den Aufbau in dem Info-Pfeil.

- *Zwei kleine Mädchen wollen Süßigkeiten und ein Heft kaufen.*
- *Ein Tourist sucht die nächste Toilette.*
- *Ein Junge mit einem Käfig unter dem Arm sucht die Tierarztpraxis.*
- *Dann wird dir die Fragerei zu dumm und du verziehst dich auf den Sportplatz. Wie gehst du?*

Beim Eiswagen gehst du rechts ...

1 Gute Wegbeschreibungen sollen leicht zu merken, also möglichst klar und kurz sein. Schreibe auf, wie du die Sätze in den Sprechblasen besser ausdrücken kannst. Streiche alles Überflüssige.

Du könntest gleich rechts abbiegen oder erst noch weitergehen, das ist eigentlich egal!

Sie müssen sich aber vielleicht hinter der Kirche etwas mehr links halten.

Biege ....

Gehen Sie ....

2 Du musst auch beachten, mit wem du sprichst. Setze passende Verbformen ein.

Sich an den Hinweisschildern orientieren (zu einem älteren Herrn)

Orientieren Sie sich ....

Nach links in die kleine Gasse einbiegen (zu zwei Kindern)

....

Den großen Platz überqueren (zu einem Freund oder einer Freundin)

....

Das Rathaus links liegen lassen (wähle selbst, zu wem: ....)

....

Die Fußgängerunterführung benützen (wähle selbst, zu wem: ....)

....

3 Manchmal genügen einfache Richtungsangaben nicht, um einen Weg genau zu beschreiben. Setze genaue Richtungsangaben ein wie:
halb rechts, um ... herum, zwischen ... und quer... durch, schräg links, an...vorbei

Nach der Haltestelle biegst du .... in die Schillerstraße ein. Nach 200 Metern kommt ein kleiner Platz mit einem großen Kastanienbaum. Geh .... ihn ...., dann siehst du .... das neue Kino liegen. Lauf .... ihm .... der kleinen Brücke in den Fußweg hinein. Er geht .... durch die Gärten. Dann siehst du schon unser Haus.

4 Kreuze in den Beispielen unten die geeigneten Orientierungspunkte an.
Tipp: Manche sind nicht geeignet, weil sie sich ändern, weil es zu viele ähnliche Dinge gibt oder weil sie nicht jeder kennt.

- ☐ *wo immer die Frau mit dem Hund steht*
- ☐ *nach dem zweiten Stop-Schild*
- ☐ *nach dem Bäcker mit der netten Verkäuferin*
- ☐ *hinter der Kirche*
- ☐ *neben dem Geschäft mit der tollen Faschingsdekoration*
- ☐ *wo die Schillerstraße in die Goethe-Allee mündet*
- ☐ *bei dem Döner-Stand*
- ☐ *wo oft Wohnmobile parken*
- ☐ *die dritte Straße rechts nach der Ampel*
- ☐ *vorbei an dem Haus mit der blühenden Forsythie, die Mama so mag*

5 Suche auf den Bildern geeignete Orientierungspunkte und beschreibe dann den Weg auf einem Blatt. Das Kreuz zeigt den Standpunkt, der Pfeil, wie der Weg verlaufen soll.

6 An der Ecke, wo man abbiegen muss, befindet sich vielerlei. Ordne mit Strichen zu, was du den verschiedenen Personen als Orientierungspunkte nennen würdest.

- *ein Optikergeschäft*
- *ein Kaugummi-Automat*
- *dein Lieblingsbäcker*
- *ein CD-Shop*
- *eine Sparkasse*

- *ein kleines Mädchen*
- *ein älterer Herr*
- *mehrere Jugendliche*
- *zwei Touristinnen*
- *dein Freund*

Es ist auch wichtig, wem du einen Weg erklärst – ob er die Gegend kennt oder nicht, wie alt er ist ... Du musst versuchen, „mit seinen Augen zu sehen", – dann findest du die besten Orientierungspunkte für ihn.

INFO

Eine Wegbeschreibung beginnt am besten mit groben Angaben der Richtung, der Entfernung oder Zeit. Dann werden die Teile des Wegs mit möglichst kurzen und genauen Richtungen und Orientierungspunkten beschrieben. Am Ende kann noch einmal das Ziel genannt werden.

Die fliegende Untertasse ist weg!

Die armen Marsmännchen finden nicht mehr zu ihr zurück. Kannst du ihnen mit einer Wegbeschreibung helfen? Vorher müssen sie unbedingt noch ein Lebkuchenherz als Andenken an die Erde und ein paar Ansichtskarten im Museum kaufen ...

1 Zeichne den Weg, den die Marsmännchen gehen müssen, in den Plan ein.

2 Sieh dir noch einmal den Info-Pfeil auf Seite 64 an und lies den Merkkasten auf Seite 66. Überlege, was du in den drei Teilen deiner Wegbeschreibung angeben musst:

1 ....

2 ....

3 ....

3 Schreibe deine Wegempfehlung für die Marsmännchen auf ein Blatt.

4 Kontrolliere deine Wegbeschreibung, indem du versuchst, ihr zu folgen und dabei mit den Augen eines Marsmännchens zu sehen. Verbessere ungenaue oder missverständliche Stellen.

5 Suche dir zwei Ziele aus deiner „echten" Umgebung. Schreibe die Wegbeschreibungen auf ein Blatt. Die erste Wegbeschreibung ist für einen Ortskundigen, die zweite soll auch für einen Fremden verständlich sein.

6 Bitte jemanden um Hilfe, der deine Gegend kennt. Lies ihm/ihr deine Wegbeschreibungen vor. Findet er/sie heraus, wo er/sie am Ende hinkommt? Wenn nicht, gehe deine Wegbeschreibung Satz für Satz durch.
Finde heraus, wo er/sie falsch gegangen ist, und füge klare Angaben ein.

Vorgänge beschreiben/Anleitungen verfassen

Essbare Fliegenpilze

1 Schau dir die Bilder an. Schreibe in Stichpunkten dazu, wie man „essbare Fliegenpilze" herstellt. (In der Tube ist Majonäse.)

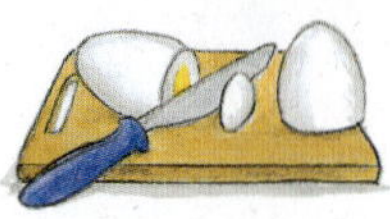

2 Aus diesen Stichworten kannst du leicht eine Anleitung zusammenstellen. Mach dir zuerst den Aufbau klar. Ordne dann zu: Vorbereitung, Arbeitsschritte, Ergebnis

Erst wenn dir der Aufbau klar ist, kannst du deine Anleitung Schritt für Schritt zusammenstellen. INFO

Einleitung (Vorbereitung) → *Hauptteil (Arbeitsschritte)* → *Schluss (Ergebnis)*

Was man braucht (Einleitung)	*Was man tut (Hauptteil)*	*Was herauskommt (Schluss)*

3 Sieh dir noch einmal die Bilder der „essbaren Fliegenpilze" an und schreibe dann auf, welche Zutaten man braucht. Sei möglichst genau.
Schreibe nicht einfach *Eier*, sondern *rohe/weiche/hart gekochte Eier ...*

4 Lies deine Stichworte aus Aufgabe 1. Schreibe dann auf, welches „Werkzeug" man braucht, um „essbare Fliegenpilze" herzustellen.

5 Den Hauptteil der Anleitung nimmt die Beschreibung der Arbeitsschritte ein. Formuliere die Stichworte von Aufgabe 1 zu ganzen Sätzen um. Schreibe auf ein Blatt.

6 Was soll mit dem Ergebnis, den fertigen „essbaren Fliegenpilzen" geschehen?
Schreibe es als Schluss auf.
Z.B. Man kann die Fliegenpilze gut als Teil eines Party-Buffets verwenden.

7 Natürlich braucht eine Anleitung eine Überschrift. Markiere den Vorschlag, der dir am besten gefällt. Oder hast du einen besseren Einfall? Dann schreibe ihn auf.

- ☐ *Wir stellen essbare Fliegenpilze her*
- ☐ *Mein neues Überraschungsessen: essbare Fliegenpilze*
- ☐ *So macht man essbare Fliegenpilze*
- ☐ *Ein schneller Partyhit: essbare Fliegenpilze*

In einer Anleitung erklärst du, wie man etwas herstellt oder tut. Viele Anleitungen haben drei Teile: Vorbereitung, Arbeitsschritte, Ergebnis. Material und Arbeitsvorgänge solltest du möglichst genau, eindeutig und in der richtigen Reihenfolge angeben.

Prinzessinnen-Brötchen

Auch Prinzessinnen-Brötchen passen gut auf eine Party. Mit einer guten Anleitung sind sie schnell herzustellen.

- [ ] *Brötchen mit Butter bestreichen*
- [ ] *je drei Scheiben Schinken als Kleid übereinander legen*
- [ ] *mit Gurken- und Paprikastückchen Mund, Nase und Augen formen*
- [ ] *Schinkenscheiben falten, wie auf dem Bild zu sehen ist*
- [ ] *Scheiben halbieren, wenn sie zu groß sind*
- [ ] *Brötchen bis kurz vor dem Essen kühl stellen*
- [ ] *aus dem Schnittkäse einen Kopf schneiden und auf das Brötchen legen*
- [ ] *mit Majonäse oder Remoulade die Haare der Prinzessin spritzen*
- [ ] *Guten Appetit!*
- [ ] *mit gewaschenen Salatblättern belegen*
- [ ] *Brötchen halbieren*

1 Bringe Ordnung in die Anleitung und nummeriere die Arbeitsschritte. Es gibt verschiedene Möglichkeiten. Überlege genau: Was kommt zuerst, was wird dann darauf gelegt?

2 Unterstreiche bei jedem Arbeitsschritt die Wörter, die dir sagen, was getan werden muss, zum Beispiel *Brötchen halbieren*.

(3) Anleitungen kann man verschieden formulieren.
Probiere einige Möglichkeiten aus und vervollständige die Sätze.

- *Halbiere das Brötchen.*
- *Du musst das Brötchen halbieren.*
- *Das Brötchen wird halbiert.*

Du musst zuerst ....

....

Anschließend musst du ....

....

Man ....

....

Dann .... ***man*** ....

....

Der Schinken wird ....

....

Die Haare werden ....

....

(4) Damit die Sätze nicht alle gleich anfangen, kannst du Wörter umstellen. Ergänze:

Für das Kleid der Prinzessin ....

....

Aus kleinen Gemüseresten (Gurke oder Paprika) ....

....

Damit die Brötchen schön frisch bleiben, ...

....

....

5 Schreibe nun die Arbeitsschritte in ganzen Sätzen auf. Manchmal kannst du zwei Arbeitsschritte in einem Satz zusammenfassen. Vermeide aber zu lange Sätze.

6 Eine Anleitung steht immer in der Gegenwart und ist sachlich, das heißt, persönliche Erlebnisse haben nichts darin verloren. Streiche in den folgenden Sätzen die falschen Wörter oder Satzteile durch – oder den ganzen Satz! Schreibe den Satz richtig auf.

Beim Geburtstag meiner Mutter habe ich meine Brötchen immer ganz frisch garniert, damit der Salat hübsch bleibt.

Mein Bruder machte der Prinzessin aus einem Gurkenstück eine Warze ins Gesicht.

Bei der letzten Party hat mein Kater mindestens drei Prinzessinnenbrötchen gemopst.

Wir verwendeten Toastbrot statt Brötchen.

7 Lies die Empfehlungen und achte dabei besonders auf die fett gedruckten Formulierungen.

INFO: *Oft gibt es mehrere Möglichkeiten, wie man etwas machen kann, oder zusätzliche Empfehlungen. Solche Hinweise stehen meist am Ende des Hauptteils.*

***Wenn** Sie es besonders würzig mögen, **dann** können Sie statt Remoulade auch Senf verwenden.*
***Mein Tipp:** Statt Gurken Kiwis und zur Verzierung Ananas verwenden – das schmeckt besonders frisch.*
***Je nach Geschmack** kann man die Brötchen mit Schinken oder Wurst oder Scheibenkäse belegen.*
*Beim Servieren **sollte man** das Tablett **unbedingt** ruhig halten, weil die Brötchen leicht umkippen.*
*Naschhafte Familienmitglieder hält man **am besten** von der Küche fern, sonst bleibt nichts für die Gäste übrig.*

8 Formuliere ganze Sätze aus den Stichworten. Verwende die fett gedruckten Formulierungen aus Aufgabe 7 oder ähnliche. Achte auf Abwechslung.

für die Haare Ketchup oder Majonäse

Brötchen oder Toastbrot

nur festes, knackiges Gemüse verwenden

für die Vorbereitung etwa zwei Stunden einplanen

Eine Anleitung ist sachlich und steht in der Gegenwart. Persönliche Erlebnisse gehören nicht hinein. Dein Text liest sich leichter, wenn du auf Abwechslung bei den Satzanfängen achtest. Am Ende stehen oft noch andere Möglichkeiten des Vorgehens oder zusätzliche Tipps.

Monstergesicht-Brote und Nachtgespenster

Die beste Vorbereitung für eine Anleitung ist es, wenn du sie selbst ausprobierst. Entscheide dich, ob du „Monstergesicht-Brote" herstellen willst oder „Nachtgespenster" (wenn du lieber bastelst als kochst). Die Bilder zeigen dir, was du brauchst und tun musst.

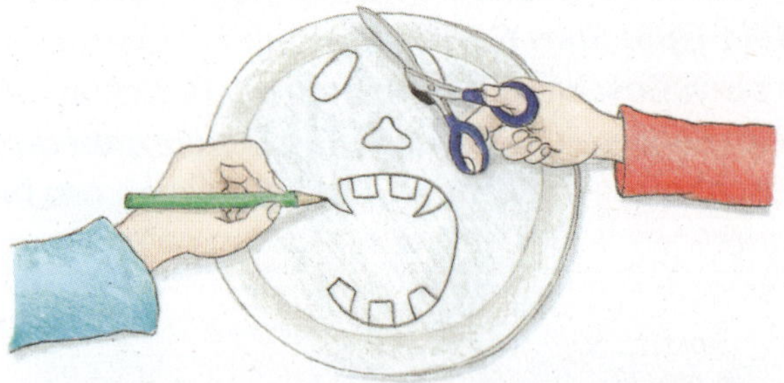

1. Zeichne einen Info-Pfeil auf ein großes Blatt. Schreibe in die Pfeilspitze, was das Ergebnis sein soll. ❶

2. Überlege, was du alles brauchst. Schreibe Zutaten oder Material und Werkzeug in die Federn des Pfeils. ❸

3. Schreibe in die Mitte des Pfeils Stichworte zu den Arbeitschritten. ❷

4. Wenn es möglich ist, solltest du jetzt ein „Monstergesicht-Brot" oder ein „Nachtgespenst" herstellen. Dabei prüfst du deinen Entwurf Schritt für Schritt.
Hast du auch keine Zutat/kein Material und kein Werkzeug vergessen? Sind die Arbeitsschritte klar? Stimmt die Reihenfolge? Notiere, was du noch verbessern kannst.

5. Schreibe eine Anleitung in ganzen Sätzen auf ein neues Blatt.
Suche eine passende Überschrift und achte auf Abwechslung bei den Satzanfängen.
Wenn du sie ein letztes Mal kontrolliert hast, kannst du deine Anleitung auch weitergeben.
Tipp: Mit einer Skizze deines Brotes oder deines Gespenstes wird sie besonders schön.

Zusammenfassung

Hier findest du eine Zusammenfassung der wichtigsten Inhalte, die du in diesem Heft gelernt hast. Sie kann dir helfen, dich auf Klassenarbeiten vorzubereiten.

Erlebnisse erzählen (S. 4–16)

Die Erzählung vorbereiten

Du sammelst Einfälle zu den gestellten Themen.
Du wählst das Thema aus, zu dem du am meisten erzählen kannst.
Du stellst W-Fragen zu deinem Erlebnis: Wer oder Was? Wann? Wo? …

Das Erlebnis erzählen:

1. Einleitung

Die Einleitung ist kurz. Du stellst in einem oder zwei Sätzen vor:
- Wer spielt in der Erzählung mit?
- Wann und wo spielt die Geschichte?

Du kannst auch sagen, wie deine Geschichte wird: lustig oder traurig ...

2. Der Höhepunkt

Der Höhepunkt ist der Augenblick,
- in dem eine Überraschung passiert
- oder wenn es am traurigsten oder lustigsten ist.

Du gestaltest den Höhepunkt ganz genau aus. Du erzählst,
- was alles genau passiert,
- was die Mitspieler sagen oder denken,
- welche Gefühle sie haben.

3. Der Schluss

Als Schluss reicht ein Satz.
- Du fasst zusammen, was passiert ist.
- Oder du sagst, was du aus der Geschichte gelernt hast.
- Oder du schaust in die Zukunft.

Weitererzählen (S. 17–24)

1. Mach dir zuerst klar:
   - Wer spielt mit?
   - Was ist bisher passiert? Oder: worum geht es?
2. Dann überlegst du *Möglichkeiten*, was die Personen in der Geschichte tun können.
3. Eine wählst du aus und entwickelst dazu *Erzählschritte*, legst einen *Höhepunkt* fest und einen *Schluss*.
   Achte darauf,
   - dass deine Weitererzählung zum Anfang der Geschichte passt,
   - dass die Zeit, in der du erzählst und die Erzählform mit dem Anfang übereinstimmen,
   - dass du wörtliche Rede im Anfang wieder aufgreifst.

Bildgeschichten (S. 25–34)

Die Geschichte verstehen und vorbereiten

1. Du legst die *Erzählschritte* fest. Dazu siehst du dir alle Bilder der Reihe nach an.
   Du schreibst auf, was der Reihe nach in jedem Bild passiert.
2. Du machst dir die *Einzelheiten* auf den Bildern klar.
   Dazu stellst du W-Fragen:

Wer und was spielt mit? Wo und wann spielt die Geschichte?
Was tun die Mitspieler, was sagen sie? Welche Gefühle haben sie?

Die Geschichte in Worten erzählen

1. *Einleitung*
   Du schreibst eine kurze Einleitung (siehe: Erlebnisse erzählen).
2. *Erzählschritte*
   Du gestaltest die Erzählschritte genau und spannend aus.
   Dabei hilft dir, was auf den Bildern dargestellt ist.
   Du überlegst und probierst dafür passende Formulierungen.
3. *Höhepunkt*
   Du gestaltest den Höhepunkt aus, indem du genau erzählst: Was passiert?
   Was fühlen, denken und sagen die Beteiligten?
   Beachte, dass du mit wörtlicher Rede in einer Geschichte ausdrücken kannst, was die Beteiligten denken und fühlen. Das kann die Geschichte lebendiger und spannender machen. Aber zu viel wörtliche Rede wirkt manchmal langweilig.
4. *Schluss*
   Du schreibst einen kurzen Schluss.

Reizwortgeschichten (S. 35–43)

1. Du überlegst, was dir zu jedem Reizwort einfällt und schreibst deine Einfälle auf.
2. Dann notierst du, was mit den Reizwörtern passieren kann.
3. Du wählst eine Erzählform: Du spielst in der Geschichte mit und schreibst in der Ich-Form. Oder du erzählst von anderen und erzählst in der Er/Sie-Form.
4. Du planst den Hauptteil mit Erzählschritten und Höhepunkt, indem du Fragen stellst und sie beantwortest.

Die Geschichte erzählen

Du gestaltest den Hauptteil aus und achtest dabei darauf, dass deine Sätze nicht alle gleich anfangen.
Du ergänzt eine kurze Einleitung und einen Schluss.

Fantasieerzählung (S. 44–53)

1. *Die Geschichte vorbereiten: W-Fragen stellen, Erzählideen entwickeln*
   Du brauchst einen guten Einfall: Dabei hilft es dir, wenn du zuerst die W-Fragen beantwortest.
   Male dir genau aus, was alles passieren kann.
2. *Erzählschritte entwickeln, Höhepunkt festlegen*
   Du denkst dir eine Handlung aus.
   Du gliederst sie in Erzählschritte.
   Du steigerst die Spannung Schritt für Schritt bis zum Höhepunkt.
3. *Die Geschichte ausgestalten*
   Du beginnst mit einer kurzen Einleitung.
   Dann gestaltest du die Erzählschritte spannend aus.
   Du erzählst genau, was der Reihe nach alles passiert.
   Wenn du auch erzählst, was die Personen denken, sagen und fühlen, wenn du wörtliche Rede und Ausrufe gebrauchst, wird deine Geschichte lebendiger und spannender.
   Mit abwechslungsreichen Satzanfängen, Satzverknüpfungen und anschaulichen Formulierungen liest sich dein Text noch besser.

Gegenstände beschreiben (S. 54–61)

Die Beschreibung vorbereiten

1. *Merkmale erfassen:* Du siehst dir den Gegenstand, den du beschreiben willst, ganz genau an und machst dir seine Merkmale klar. Dabei hilft es dir, wenn du ihn mit anderen ähnlichen Gegenständen vergleichst und fragst:
   - Welche Größe hat er? Welche Form? Welche Farbe?
   - Aus welchem Material besteht er?
   - Welches Alter hat er und welchen Wert? ...
2. *Einzelheiten erfassen:* Dann prüfst du, welche Einzelheiten wichtig sind. Am besten notierst du dir die Bezeichnungen für die Einzelteile.
3. *Wortlisten anlegen:* Damit du die richtigen Wörter für deine Beschreibung findest, kannst du dir eine Wortliste mit den passenden Adjektiven und Nomen anlegen.

Eine Beschreibung aufbauen und formulieren

Zeitform: Du verfasst deine Beschreibung im Präsens: *Das Kuscheltier besteht aus Filz.*

Aufbau: Du kannst verschieden vorgehen:
- Zuerst die allgemeinen Merkmale beschreiben, dann die Einzelheiten.
- Oder: Zuerst das Wichtigste, dann alles andere.
- Oder: Du gehst von oben nach unten vor oder umgekehrt.

Wortschatz: Du achtest darauf, dass du passende Wörter verwendest. Dazu hilft eine Wortliste, s. o.

Wege beschreiben (S. 62–67)

1. Du beginnst am besten mit groben Angaben zur Richtung, zur Entfernung oder der Zeit, die man für den Weg braucht.
2. Dann beschreibst du den Weg mit möglichst kurzen und genauen Richtungsangaben und Orientierungspunkten. Du schreibst *sachlich* und in der *Gegenwart*. Persönliche Erlebnisse gehören nicht in eine Wegbeschreibung.
3. Zuletzt sagst du, dass das Ziel erreicht ist.

Anleitungen verfassen (S. 68–74)

Zweck einer Anleitung

Du erklärst in einer Anleitung, wie man etwas herstellt oder tut

Aufbau einer Anleitung.

Am besten unterteilst du deine Anleitung in: Vorbereitung, Arbeitsschritte, Ergebnis.
Du gibst die Materialien genau an.
Am Ende stehen oft noch andere Möglichkeiten des Vorgehens oder zusätzliche Tipps.

Eine Anleitung verfassen

Vorbereitung:
Du nennst zuerst die Materialien, die man für die Herstellung einer Sache braucht.
Arbeitsschritte:
Du legst die Arbeitsschritte fest und beschreibst die Arbeitsvorgänge möglichst genau, eindeutig und in der richtigen Reihenfolge.
Am Ende kannst du noch andere Möglichkeiten des Vorgehens erwähnen oder zusätzliche Tipps geben.
Du schreibst sachlich und in der Gegenwart. Persönliche Erlebnisse gehören nicht in eine Anleitung.
Achte auch auf Abwechslung bei den Satzanfängen.

Bildquellen

Coverfoto: Corbis (Will McIntyre), Düsseldorf; **S. 25:** Hans-Joachim Gelberg (Hrsg.) Das achte Weltwunder, 1979 Beltz & Gelberg Verlag, Weinheim und Basel; **S. 32:** Sabine Rothmund, Tübingen; **S. 74:** Orecchia Bartl, Mitternachtspartys, 1999 moses Kinderbuchverlag, Kempen

1. Auflage

A 1 5 4 3 2 1 | 2008 2007 2006 2005 2004

Redaktion: Corinna Hilger
Herstellung: Judith Fuhrmann
Illustrationen: Andrea Dölling, Augsburg
Layout: Sandra Schneider
Satz: Ernst Klett Schulbuchverlag Leipzig GmbH, Leipzig
Repro: Meyle & Müller GmbH + Co. KG, Pforzheim
Druck: W. Wirtz, Speyer

ISBN 3-12-217910-5

9 783122 179106